中国工程院院士
是国家设立的工程科学技术方面的最高学术称号，为终身荣誉。

中国工程院院士传记

程天民传

李燕燕　邓晓蕾　冉新泽　著

人民出版社

统　　筹：侯俊智　侯　春
策划编辑：侯　春
责任编辑：蒋益秀　侯　春
装帧设计：徐　晖
责任校对：任　教

图书在版编目(CIP)数据

程天民传/李燕燕　邓晓蕾　冉新泽 著. —北京：人民出版社，2016.12
(中国工程院院士传记丛书)
ISBN 978－7－01－017016－9

I.①程… Ⅱ.①李… ②邓… ③冉… Ⅲ.①程天民－传记 Ⅳ.①K826.2

中国版本图书馆 CIP 数据核字(2016)第 294737 号

程天民传
CHENGTIANMIN ZHUAN

李燕燕　邓晓蕾　冉新泽　著

人民出版社 出版发行
(100706　北京市东城区隆福寺街 99 号)

北京汇林印务有限公司印刷　新华书店经销

2016 年 12 月第 1 版　2016 年 12 月北京第 1 次印刷
开本：710 毫米×1000 毫米 1/16　印张：17
字数：210 千字　插页：8

ISBN 978－7－01－017016－9　定价：50.00 元

邮购地址 100706　北京市东城区隆福寺街 99 号
人民东方图书销售中心　电话 (010)65250042　65289539

中国工程院院士程天民

2001 年，程天民被中央军委授记一等功

　　2006年，程天民当选全国优秀共产党员（共50名），受到胡锦涛等中央领导人的接见，并被安排在第二排正中

　　程天民（左二）于2009年获国家教学成果一等奖，受到胡锦涛等中央领导人的接见

1965~1980年，程天民参加了我国14次核试验，在戈壁滩摸爬滚打

中国停止大气层核试验 18 年后，程天民于 1998 年再访爆区现场

中国停止大气层核试验后，程天民（右）继续赴边远荒漠地区进行新的现场研究（2001年，74 岁）

2007 年，程天民与第三军医大学本科生在一起

程天民在重庆市江津聚奎中学，为中学生举办题为《科学与艺术》的讲座

程天民在实验室探索微观病变，努力有所发现

程天民与全军复合伤研究所的导师们一起培养了大批研究生和博士后，第一排左五为程天民

程天民用多媒体进行教学

1993年，程天民获国家科技进步奖一等奖，参加国家科学技术奖励大会，与总后勤部参谋长温光春（后任总后勤部副部长，左）、总后勤部卫生部科技处处长孙建中（后任军事医学科学院院长，右）合影

2000年，程天民（左三）获何梁何利基金科技进步奖

2006年，程天民（右二）获第六届光华工程科技奖

2006年，程天民获重庆市首届（共2人）科技突出贡献奖，由时任重庆市委书记汪洋授奖

2007年，程天民当选建军80周年全军英模

1988 年，程天民（右三）作为军医大学校长代表，参加中国军医代表团访问美国

　　1996年，第三军医大学三院士程天民、黎鳌、王正国（左起）参加第31届国际军事医学大会，分别作大会报告。程天民报告了中国军队复合伤研究进展情况。

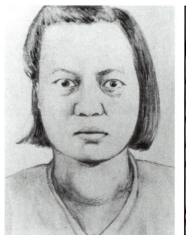
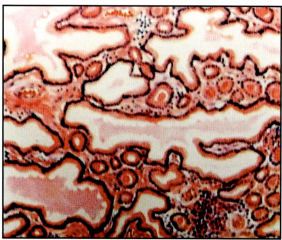
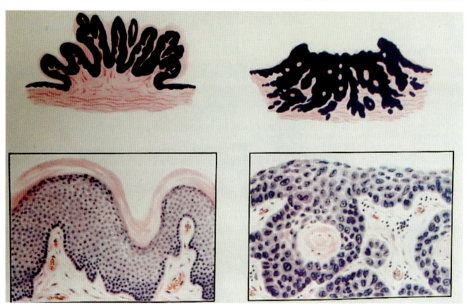

程天民设计和绘制的病理学图谱

程大民挥毫泼墨

科学追求真 文学追求善 艺术追求美 努力学习并实践二者的结合与融汇

程大民书 二〇一四年春

1952 年　　　　　1970 年　　　　　1985 年

1986 年　　　　　1995 年　　　　　2000 年

2006 年　　　　　2010 年　　　　　2013 年

程天民军旅戎装 67 载（1949~2016）

中国工程院院士传记系列丛书

领导小组

顾　问：宋　健　徐匡迪

组　长：周　济

副组长：陈左宁　黄书元　辛广伟

成　员：董庆九　任　超　沈水荣　于　青
　　　　高中琪　王元晶　杨　丽　高战军

编审委员会

主　任：陈左宁　黄书元

副主任：于　青　高中琪　董庆九

成　员：葛能全　王元晶　陈鹏鸣　侯俊智　王　萍
　　　　吴晓东　黎青山　侯　春

编撰出版办公室

主　任：侯俊智　吴晓东

成　员：侯　春　贺　畅　徐　晖　邵永忠　陈佳冉
　　　　汪　逸　吴广庆　常军乾　郑召霞　郭永新
　　　　王晓俊　范桂梅　左家和　王爱红　唐海英
　　　　张　健　张文韬　李冬梅　于泽华

总　序

　　20世纪是中华民族千载难逢的伟大时代。千百万先烈前贤用鲜血和生命争得了百年巨变、民族复兴，推翻了帝制，击败了外侮，建立了新中国，独立于世界，赢得了尊严，不再受辱。改革开放，经济腾飞，科教兴国，生产力大发展，告别了饥寒，实现了小康。工业化雷鸣电掣，现代化指日可待。巨潮洪流，不容阻抑。

　　忆百年前之清末，从慈禧太后到满朝文武开始感到科学技术的重要，办"洋务"，派留学，改教育。但时机瞬逝，清廷被辛亥革命推翻。五四运动，民情激昂，吁求"德、赛"升堂，民主治国，科教兴邦。接踵而来的，是18年内战、8年抗日和3年解放战争。恃科学救国的青年学子，负笈留学或寒窗苦读，多数未遇机会，辜负了碧血丹心。

　　1928年6月9日，蔡元培主持建立了中国第一个国立综合性科研机构——中央研究院，设理化实业研究所、地质研究所、社会科学研究所和观象台4个研究机构，标志着国家建制科研机构的开始。20年后，1948年3月26日遴选出81位院士（理工53位，人文28位），几乎都是20世纪初留学海外、卓有成就的科学家。

　　中国科技事业的大发展是在新中国成立以后。1949年11月1日成立了中国科学院，郭沫若任院长。1950～1960年有2500多名留学海外的科学家、工程师回到祖国，成为大规模发展科技事业的第一批领导骨干。国家按计划向苏联、东欧各国派遣1.8万名各类科技人员留学,全都按期回国,成为建立科研和现代工业的骨干力量。高等学校从新中国成立初期的200所,增加到600多所,年招生增至28万人。到21世纪初,普通高等学校有2263所,年招生600多万人,科技人力总资源量超过5000万人,具有大学本科以上学历的科技人才达1600万人,已接近最发达国家水平。

新中国成立60多年来,我们已经从一穷二白成长为科技大国。年产钢铁从1949年的15万吨增加到2011年的粗钢6.8亿吨、钢材8.8亿吨,几乎是8个最发达国家(G8)总年产量的两倍,20世纪50年代钢铁超英赶美的梦想终于成真。水泥年产20亿吨,超过全世界其他国家总产量。中国已是粮、棉、肉、蛋、水产、化肥等世界第一生产大国,保障了13亿人口的食品和穿衣安全。制造业、土木、水利、电力、交通、运输、电子通信、超级计算机等领域正迅速逼近世界前沿。"两弹一星"、高峡平湖、南水北调、高公高铁、航空航天等伟大工程的成功实施,无可争议地表明了中国科技事业的进步。

党的十一届三中全会以后,改革开放,全国工作转向以经济建设为中心。加速实现工业化是当务之急。大规模社会性基础设施建设、大科学工程、国防工程等是工业化社会的命脉,是数十年、上百年才能完成的任务。中国科学院张光斗、王大珩、师昌绪、张维、侯祥麟、罗沛霖等学部委员(院士)认为,为了顺利完成中华民族这项历史性任务,必须提高工程科学的地位,加速培养更多的工程科技人才。中国科学院原设的技术科学部已不能满足工程科学发展的时代需要。他们于1992年致书党中央、国务院,建议建立"中国工程科学技术院",选举那些在工程科学中做出重大的、创造性成就和贡献,热爱祖国,学风正派的科学家和工程师为院士,授予终身荣誉,赋予科研和建设任务，指导学科发展，培养人才，对国家重大工程科学问题提出咨询建议。中央接受了他们的建议，于1993年决定建立中国工程院，聘请30名中国科学院院士和遴选66名院士共96名为中国工程院首批院士。1994年6月3日，召开了中国工程院成立大会，选举朱光亚院士为首任院长。中国工程院成立后，全体院士紧密团结全国工程科技界共同奋斗，在各条战线上都发挥了重要作用，做出了新的贡献。

中国的现代科技事业比欧美落后了200年，虽然在20世纪有了巨大进步，但与发达国家相比，还有较大差距。祖国的工业化、现代化建设，任重路远，还需要有数代人的持续奋斗才能完成。况且，世界在进步，科学无止境，社会无终态。欲把中国建设成科技强国，屹立于世界，必须接续培养造就数以千万计的优秀科学家和工程师，服膺接力，担当使命，开拓创新，更立新功。

中国工程院决定组织出版《中国工程院院士传记》丛书，以记录他们对祖国和社会的丰功伟绩，传承他们治学为人的高尚品德、开拓创新的科学精神。他们是科技战线的功臣、民族振兴的脊梁。我们相信，这套传记的出版，能为史书增添新章，成为史乘中宝贵的科学财富，俾后人传承前贤筚路蓝缕的创业勇气、魄力和为国家、人民舍身奋斗的奉献精神。这就是中国前进的路。

总

序

目 录

引　言

　　程天民，中国工程院医药卫生学部和工程管理学部资深院士，在80多年的奋斗经历中，既有专业事业的成就，又有丰富多彩的人生。他的一生，闪烁着"思想之光"。

　　对程天民，中国工程院原院长徐匡迪这样说："程天民院士是我国原子辐射医学的主要开拓者之一，是我国著名的防原医学与病理学家。他不仅是一位杰出的医学科学家，而且在人文艺术方面也有相当深厚的造诣。"

　　曾任第三军医大学校长、原总后勤部副部长王谦说："他是旗帜，他是大家，他是良师。他当科学家的时候是好科学家，搞教学是好老师，搞管理是好校长。"

　　免疫学家巴德年院士说："程天民在我心目中是非常优秀的教师、非常卓越的科学家、有相当战略思想的领导者，还是一个非常全才的艺术家。"

　　肿瘤学与分子生物学家顾健人院士说："我可以这样讲，他是搞核爆炸引起的复合损伤研究的、我们中国当之无愧的第一人。他是一个非常难得的科学家中的艺术家，而且是优秀的艺术家，在中国工程院医药卫生学部里，在艺术上的造诣，他也是第一人。"

　　药理学家秦伯益院士说："我觉得，有些校训内容，很多单位都可以用，不反映特色。当时我问他，他就说了这两句（以质量取胜、以特色取胜）。当时我也不觉得怎样，'质量''特色'听上去很普通，后来越来越觉得这两句话深刻，有特点，经得起回味、检验，而别人提的都差不多。现在学校就是质量和特色欠缺，要做到'质''量'两个字，是要在自己的工作上真正创出水平，要有负责的态度。质量好的东西很多，但必须有特色。因此，程天民的话涵盖了很多，这个是没有人说过的，就是程天民提了。而且，这话很平淡、朴素。大概学问做得高了，就不会再用几句话去忽悠人家，让大家鼓掌、喝彩。淡定才见高低，学问做到深处就是这样。"

曾任美国创伤学会主席和国际烧伤学会主席的Pruitt教授称，程天民所做的是"放射生物学领域的引领性工作"（leadership work in the field of radiation biology）。

而程天民自己则这样说："我不同意有些人称我为'核盾将军'，这个称谓太大、太难。我只是做了某些方面的工作，有人所称的'我国防原医学的主要开拓者之一'可能合适些。"

他在自己80周岁，同时也是从事教育、科研55年的时候说："我从一个青年学生成长为一名大学校长，从一个知识青年成长为一名院士，培养我成长的主要是两个地方：一是大西南的重庆高滩岩，二是大西北的新疆戈壁滩，都是西部地区。"

对程天民，之前已有许多报道、介绍，包括多部报告文学、多篇媒体新闻等。近年来，卫生部和原总后勤部卫生部主编的《中国医学院士文库——程天民院士集》（人民军医出版社2013年6月出版，78.9万字），以及中国科协等115部委组织的"中国老科学家学术成长资料采集工程"——《求索军事医学之路——程天民传》（中国科学技术出版社和上海交通大学出版社2014年5月出版，26万字），均已出版。这两部书对程天民作了翔实的调研和撰述。而今，中国工程院决定编撰出版《中国工程院院士传记丛书》，其中包括程天民的传记。这三部书的基本资料难免有所重复，但又有所侧重。中国医学院士文库侧重"学术文库"，中国科协采集工程侧重"学术成长"，而本书则力求从新的视角，以"点燃思想之光"为主题，集中10个板块，从多个方面讲述程天民院士的成长和转折，教学、科研和管理的成就与贡献，特别是教学思想、科学思维和战略思维的形成与实践，既有宏观战略的深入思考，又作细致入微的切实践行，由此论述他的"思想之光"，记述他光辉的科学人生。

第一章

人杰地灵的故乡，
朴实和睦的家庭

一、周铁故乡情

程天民的故乡——江苏宜兴，这座江南城市，风景优美，民风淳厚，宽阔的马路纵横交错，来来往往的车辆井然有序，路上的行人脸上都挂着微笑，看得出人们的生活很惬意。这里有茶的绿洲、陶的古都、竹的海洋、洞的世界，还有徐悲鸿纪念馆、玉女潭、东坡书院、著名物理学家周培源的祖居……

程天民，1927年12月27日出生于江苏省宜兴市周铁镇。在我国的历史上，1927年是个不安分的年头，"城头变幻大王旗"的动乱还未真正落下帷幕，国共合作又已破裂。彼时，白色恐怖、腥风血雨，如乌云压顶在烟雨江南。而宜兴在程天民10岁以前，像世外桃源一般。宜兴古称阳羡，素以"风土之清嘉，人文之秀伟"而著称，为中国"陶都"，以紫砂茶壶而闻名于世。一方水土养育一方人。据记载，唐代以来，宜兴出了381名进士、5名状元。近代出了一批科学家、教育家和人文艺术家，如周培源、唐敖庆、蒋南翔、徐悲鸿、吴冠中、尹瘦石等人。现有宜兴籍两院院士25名、大学校长和校党委书记100多名，宜兴籍教授更是遍布全国，被誉为"教授之乡"。周铁镇是宜兴的著名市镇之一，位于太湖之滨、竺山以西，满目山清水秀，一派江南风光，十分重视文化教育，被评为"全国历史文化名镇"。中央电视台《记住乡愁》节目，曾专门为周铁镇拍摄了以"崇文重教"为主题的纪录片。

"梅雨霁，暑风和，高柳乱蝉多。小园台榭远池波，鱼戏动新荷。"程天民生长在这样的环境中，从小就受到良好的人文熏

2012年，程天民于宜兴紫砂村，在紫砂壶坯上用眼睛和手感刻字志念

陶。故乡周铁镇，为他以后成长为一位"德技艺三馨"的军事医学大家和一代名师，提供了促苗生长的沃土。

二、学会人生四个关键词

今天的周铁镇北街，仍然呈现着老街的气象。在程天民的童年记忆里，这里有一栋两层小楼，住着其乐融融的一大家人。

程天民的大家庭里，曾祖母是一位有着坚强、乐观、豁达性格的传统女性。她早年丧夫，在晚清太平天国运动席卷江南、连年兵灾的乱世，靠着一双巧手做女红，抚养两个儿子长大成人。后来，她因"守节贞操"被镇上建立了"贞节牌坊"。老太太传下了勤劳持家的风气，于是，程天民的祖父从小本生意做起，因为头脑聪明又踏实肯干，家业一点一滴地积攒。程天民的祖父天生一副热心肠，常常帮邻里排忧解难、调解纠纷，成了街坊心中的"一杆秤"。岁月流逝，老人们一一故去，但一大家子人还是和睦无间。淳朴亲密的家风使然，程天民的父亲和伯父一直没有分家，叔伯两家一块儿居住在这幢两层小楼里。街坊常常能够听见，这两家人大人们贴心的言语交流和孩子们的欢声笑语。按照族谱，程天民这一辈的男孩子统名为"民"，女孩统名为"美"。这个大家庭里，有8个男孩和4个女孩。叔伯婶娘都如亲生父母，对所有孩子视如己出、关爱有加；兄弟姐妹之间从不分彼此，相互照应，手足情分深厚。

排行老三的程天民在这样一个和睦的大家庭里，在长辈的关爱下，学到了人生的第一个关键词——分享。每个孩子手掌上那块小兔子似的点心；小花园里的闲暇时光，与兄弟姐妹一起玩耍、温习功课、练习毛笔字、画画、唱京剧；在糖水里加上小苏打做成"土汽水"，装在玻璃瓶中，每个孩子都啜上一小口……那童年的滋味至今仍令他难以忘怀。温馨的氛围、快乐的童年、幸福的分享，形成了他一生无论在旁人眼中如何"故事传奇、声名显赫、荣誉累累"，始终谦和、友善、亲切的性格。

"人文艺术"亦是贯穿程天民一生的关键词。时任全国政协副主席、中国工程院院长徐匡迪曾在《程天民珍藏书画选集》序中，评价程天民"不仅是一位杰出的医学科学家，而且在人文艺术方面也有相当深厚的造诣"。而人文艺术的启蒙，则要从程天民的父亲程绥彬说起。程绥彬读过私塾，抗战前曾在县政府里做过文书。同当时的许多读书人一样，他熟悉中国传统文化，书法和绘画是"心头好"，在笔头下、宣纸上总能呈现一个个栩栩如生的古代仕女形象。"我记得，小时候家里的书桌上总是铺满了父亲画的一幅幅古代仕女图。耳濡目染，我就对这些笔墨书画产生了浓厚的兴趣。"程天民说。如同画中工笔仕女的温婉细腻，程绥彬温和善良，他话不多，却用一个真正读书人的言行影响了程天民的一生。程天民的母亲洪振家贤惠温柔，几乎从不曾听见她高声说话，对妯娌、邻里甚是和气，"是一位典型的贤妻良母"。

程天民人生中的第三个关键词是"人本"。在程天民的童年记

程天民书写的"竺西母校恩，周铁故乡情"和绘画"长空万里"
悬挂在周铁镇的旧居内

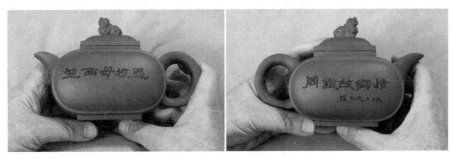

入窑烧成的程天民亲手刻制的紫砂壶成品

忆里，每年的农历正月初一到初五，家里会做很多糯米团子送给附近的乡邻，不论贫富总是谦和有礼，对乞丐也常常给予施舍。善行传千里。乡亲们这样称呼程家的两位当家人：把程天民的伯父唤作"三先生"，把程天民的父亲唤作"小先生"。"长辈传给我一颗人本之心。"程天民如是说。

是的，人本理念作为程天民一生的一条主线，包裹着感恩悲悯的情怀，贯穿到他从军、做学问、为人师表、治理大学、著书立说……可谓浓墨重彩。

也因为人本的巨大正能量，程家的几个孩子都陆续成为在周铁镇上"留名"的人。程天民的二哥程葛民，毕生致力于治淮水利建设；姐姐程美琛、程美瑜和妹妹程美瑛，分别在浙江大学、原国家建委和中央人民政府内务部工作；小弟程虎民考入北京大学，并成为北京大学化学系的教授。程天民伯父的长子程西民是程天民从小的榜样。程西民毕业于南京国立中央大学法学系，学习成绩十分优异，曾任国民政府司法部的指纹研究员和江苏省高等法院的书记官。程西民后因目睹国民党政权官场黑暗而愤然辞职，回到家乡投身教育工作，先后执教于苏州中学、竺西中学，并且担任了竺西中学校长。

程西民在当地声誉很高。他特别擅长教学，无论语文、数学、历史、物理，学校里任何一门课的老师请假，都能立即顶课，因此被誉为"全能教师"。1970年，程西民因患食道癌去世时，周铁镇的父老乡亲都叹息："周铁地区最有学问的人去世矣……"后来，程天民亲自书写了一篇碑文，并以"泽惠桑梓"四个大字表达对西民大哥的尊重和无限怀念。

2008年，程天民的"二四二"全家福，左起依次为：儿子程红岩、儿媳潘慧璋、孙子程昱霖、外孙女周雯怡、夫人胡友梅、程天民、女儿程红缨、女婿周林

程天民一家的"隔代亲"

三、"晚稀少"和"二四二"

20世纪五六十年代，国家还没有实行计划生育，但提倡"晚稀少"，就是晚些结婚，少生孩子，其间相隔久些。

程天民和胡友梅于1956年5月1日国际劳动节结婚。那时，程天民29岁，胡友梅28岁。至1958年12月（婚后两年半），他们生了第一个孩子（儿子），1963年8月（相隔5年）生了第二个孩子（女儿）。程天民、胡友梅老两口儿是第一代（2人），第二代包括儿子和儿媳、女儿和女婿（共4人），子女两家又各独生一个孩子（共2人），体现了具有时代特征的"二四二"家庭组成模式。

四、家和万事兴

程天民的夫人胡友梅是广州人，1951年毕业于广州岭南大学医学院（全国院校调整时，与中山医学院合并）。我国自1951年起实行大学毕业生统一分配，时值抗美援朝战争，那批大学毕业生都分配到部队为国防服务。胡友梅被分配到南昌的第六军医大学，在药理学教研室任教，曾任药理学教研室主任、教授，中国药理学会理事，重庆生理科学会（包括生理学、生物化学、药理学、病理生理学和营养学等学科）理事长。胡友梅长期从事抗疟

1956年，程天民与胡友梅结婚

药研究，曾深入云南边陲疟疾高发地区从事防治工作。她工作认真负责，为人忠厚善良。程天民任第三军医大学校长时，她作为"第一夫人"十分低调，从不干预学校的工作，从不为他人说情谋事，在科室做了大量为他人"作嫁衣裳"的工作。有的导师对自己的研究生很少过问，研究生就找胡友梅。她虽不是他们的导师，却认真进行指导，修改论文直至答辩。科主任出国后长期不归，她虽早就去职，却一直代替，直到71岁时退休。人们以为她作为程天民的夫人，一定会沾着什么"光"，实际上反而受累、受限。比如在晋升职称、级别的时候，因名额有限，有关领导因提了程天民而压着胡友梅，直到群众提出强烈意见才提胡友梅为教授，而级别还是压了一级。她退休以后在家里当了程天民的"秘书"。这位80多岁的老人，至今仍在家为程天民收发电子邮件、打印文稿、做多媒体课件。这么多年来，她默默奉献着自己，无怨无悔。2001年，在第三军医大学为程天民举行的荣立一

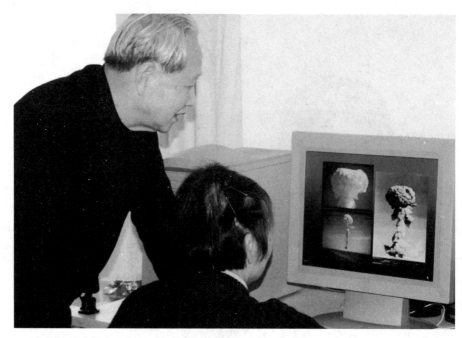

胡友梅在家中为程天民制作多媒体课件

等功庆功大会上,他深情地说:"我的军功章有一半属于我的夫人。"刹那间,全场响起热烈的掌声。

程天民的儿子程红岩在"文化大革命"期间读中学,虽平时考试分数很高,但实际上没有学到什么东西。1975年,程天民举家随当时的第七军医大学(后为第三军医大学)迁回重庆。程红岩一人留在上海,作为"知青"上山下乡,被分配到上海又远又穷的盛桥公社(后来,该地区建设为宝钢)卫生院当工人。十几个人挤在一间房内,一张双人床的上铺就是他的安家落足之地。国家恢复高考后,程红岩参加高考差几分未被录取,回重庆自费进修放射科业务,学习结束后转到上海宝山县医院,以顽强的毅力边工作边上电大,获大专文凭。程红岩报考第二军医大学研究生时又遇挫折,第一次差几分未被录取,次年再考才被录取入学。程红岩研究生毕业后,恰逢吴孟超院士主持的肝胆外科医院成立。作为已有近10年工作经验的硕士,他被留校分配到放射科工作。开始，放射科只有他一名医生、一名护士改行的技术员和一名临时工，3个人一起艰苦创业，逐步发展，不断提高。随着业务的开展，程红岩任主任的放射科发展了，个人也进步了。他结合实际经验，主编了多部肝胆影像方面的专著。虽学历"先天不足"，但他在与医院诸多留洋博士一起竞争的时候，以水平高、经验多、服务好、为人正而高票通过被评为教授。如今，程红岩因在肝胆影像、肝癌介入性治疗等方面颇有专长而远近闻名。

程天民的女儿程红缨高中毕业后，由于身体不好、心理压力大，高考差几分未被录取，进入第三军医大学护士学校，毕业后分配到西南医院心内科当护士。她在工作中通过自学，由中专、大专再到本科，后来随第三军医大学护理系的发展而调入当护理学教师。经过多年奋发努力，程红缨被评为优秀教师，晋升为副教授、硕士研究生导师，担任基础护理教研室主任。

程天民一家有着优良的家风，主要体现为淡定平和、严格要求、尊老爱幼、和睦无间。

20世纪80年代，程天民担任第三军医大学党委书记兼校长，军政一把手，堂堂正军级，也算是高级干部了，却一直告诫子女要勤奋、要踏实，不能沾染某些高干子女的不良习气。儿子程红岩高考时未被录取，程天民对他说："你一人留在上海不容易，高考未被录取不怪你，但千万不要染上社会上流里流气的坏习气。"程红岩在第二军医大学附属医院工作，但曾任医院院长、后任二医大副校长的吴灿（再后调任三医大校长）称，很长时间不知道程红岩是程天民的儿子。同样，西南医院政治部主任江帆也很长时间不知道程红缨是程天民的女儿。

程天民的亲家、程红缨的公公是一位老农民，在长沙老家因病长期住院，因为缺少照料，身上脏得发黑发臭。程红缨赴长沙亲自照顾老人，用几盆水为公公上上下下地清洗，换上干净衣服。这样的孝行令老人感动不已，在当地传为佳话。

在程天民家里，子女们对父母十分孝顺，时刻关注老人身体安康，老人外出，尽量陪同搀扶，生怕摔倒碰伤。程天民、胡友梅夫妇对子女也爱护备至，为他们的学习、工作提供良好条件。家人之间从未发生争吵，有些不同意见，经平等商量也就解决了。"家和万事兴"，和睦和谐，促进了一家人的事业发展和身心健康。

曾有一段时间，程天民、胡友梅也常想，他们两人身为教授，一辈子教了一批又一批的本科生、研究生，而自己的子女却没能考上大学，觉得对不起儿女，有时也会为此伤感。但在他们的严格要求和影响下，儿子、女儿都很争气，虽然高考时都经历了挫折，却能勇敢地走上自学成才的道路，当上教授、副教授，当上科室主任，都入了党、立了功。

"老吾老，以及人之老；幼吾幼，以及人之幼"。程天民、胡友梅把所培养的许多本科生和研究生当作自己的子女一样，有这么多"子女"也就十分宽慰了。程天民还想着：对一个年轻人来说，在人生的关键时候，如果能帮助他一下，有可能改变他的一生。从子女想到学生，把学生当作子女，这正是对一个家长和老师的要求。

第|二|章

战争年代刻骨铭
心的求学生涯

一、人文艺术的启蒙与
家乡沦陷的屈辱

　　1933年一个细雨蒙蒙的早晨，6岁的程天民紧紧拉着姐姐程美琛的手，有些胆怯又有些期待，踏进竺西小学的校门。这所历史悠久的小学校，前身是创建于清光绪六年（1880年）的竺西书院，因位于竺山以西而得名。这所小学几乎是周铁镇上所有孩子的母校。

　　教语文的周中才发现了程天民这棵幼苗。这位慈爱如父的老师对程天民悉心呵护、关爱有加，尽心培养这个聪明好学的孩子。周中才差不多教过程家所有孩子，也是程天民小时候最喜欢的老师。程天民早年回家探望，周中才这位江苏省特级教师隔老远就会用家乡土话大声招呼："天民啊，你回来啦——""床前明月光，疑是地上霜。举头望明月，低头思故乡"，周中才第一次教给程天民"乡愁"；程天民交上来的作文，周中才会从头到尾看几遍才动手修改，而且尽量保持作文的原意，第一次教给程天民"自信"。周中才用家乡话讲授"乡土课"，带着乡音乡情的历史故事和神话传说，就那样从远古的夜晚归来，活跃在小小的课堂上。其中，周处除三害的故事至今仍令程天民记忆犹新。"虽然现实中蛟龙、神兽并不存在，周处这位家乡英雄也许来源于虚构，但他改过迁善、'志存义烈，言必忠信克己'的品格让我一生受益匪浅，'且患志之不立，何忧名之不彰'深深融进了我的心里。"程天民回忆道。

　　在竺西小学，低年级的书法课主要就是用毛笔描红。每次上课，老师就让大家在字帖上蒙张毛边纸，用毛笔把大字一笔一画地照着描画下来。程天民觉得拿着毛笔描一描、写一写很好玩，每次描得都很认真。后来，老师在他的毛笔字作业上写了个批语："写得很好，要好好努力，一定会大有进步。"这短短一行字给了程天民很大的鼓励。他越写越来劲，除了上课完成作业，回家后还喜欢自己照着字帖写。此外，程天民特别喜欢美术课。当年，竺西小学因为校舍紧张，美术课往往安排两个年级的学生一起上。每次上课时，教室里一半是一年级学生，另一半是四年级学生。老师先在黑板上画个圆圈、三角之类的形状，让一年级的学生照着图案描；然后，再教四年级的学生画房子、树和山水。程天民虽然还在念一年级，但觉得画圆圈和三角也太简单了，几笔就画完了很无聊。后来，他慢慢开始跟着四年级的学生一起学画画，而且还画得有模有样。老师发现了，又把他表扬一通，这让程天民画画的兴趣越来越浓厚。书法和绘画最终成为程天民一辈子最喜欢的两大业余爱好，伴随着这位科学家一生的成长。而"文艺"之于"格致"，则相存相通，就如爱因斯坦之于小提琴。正如钱学森所说，科学技术工作者要有一些艺术素养，而艺术家要懂一些科学知识，因为从人的思维方法来看，科学研究总是用严密的逻辑思维，但科学工作往往是从一个猜想开始的，然后才是科学论证。也就是说，科学创新的思想火花是从不同事物的大跨度联想激活开始的，而这正是艺术家的思维方法，即形象思维。接下来的工作才是进行严密的数学推导计算和严谨的科学实验验证，这就是科学家的逻辑思维。换言之，科学工作常常是源于形象思维，而终于逻辑思维。这就是说，不少科学工作是先"艺术"而后"科学"的。

1937年，发生"七七"卢沟桥事变，全国抗战爆发。1937年8月13日，日寇大举进攻上海。11月12日，淞沪陷落。日寇沿沪宁铁路袭进，不久侵占宜兴。周铁镇水陆交通发达、物产丰富，更是日军必取之地。听闻枪炮声响，镇上百姓纷纷逃难，昔日的温馨小镇凄凉残破。

少年程天民第一次感受到"生离死别"的痛苦。在那只逃难的小船上，程家老小不断看到太湖沿岸那一簇一簇相继腾起的大火，正是日寇一路侵占，一路烧杀抢掠、纵火烧村。面对此情此景，程天民和家人是那样的无助，哪里才有落脚之处？程家的大人们想，在这种情况下逃难，跑到哪里都是逃不掉的。全家人一起跑，到头来不知道还能不能留下一条性命。但不管怎样，总得给程家留个根。最后，程天民的父亲和伯父决定，让程天民的大哥程冠民和堂哥程怀民两人单独去逃难，并让他们想办法往后方走，留下程家的根。昏暗的傍晚，程天民的两个哥哥一人背上一个包，在他们向大家告别的时候，全家人都泪流满面。虽然相对哽咽无言，但大家都知道，在这样的乱世中，这一别便是"生死两茫茫"，不知是否还能有幸再次聚首。

少年程天民也第一次感受到"生命易逝"的悲哀。在程天民一家再次回到镇上不久，日军占领了周铁镇，并强占了竺西小学作为兵营，竺西小学被迫解散。过了不久，竺西小学的老师们利用周铁镇上的竺西图书馆逐步开始复课，程天民和同学们就挤在图书馆破旧的房间里上学。一天，电闪雷鸣、风雨大作之际，图书馆房顶上一个年久失修的水泥雕塑，被大雨冲刷后"轰"地塌了下来，一下子砸穿了屋顶，掉落在教室里。硕大的水泥块当场就把一个学生给砸死了，而这位不幸遇难的同学刚好就坐在程天民的前一排，相隔不到1米。发生在眼前这血淋淋的一幕，至今还让程天民心有余悸。

少年程天民还第一次感受到"当亡国奴"的屈辱。富庶的水乡，侵略者横行；昔日商船自由往来的湖道，被日本舰船霸占着。日本鬼子沿着太湖从无锡入侵周铁镇，昔日书香浓浓的周铁镇弥漫着恐怖的气息。侵华早期，日本兵穿着崭新的呢子军装和大头皮鞋（侵华晚期则穿着麻布块做的破烂军装，一派败落的情形，也是程天民亲眼所见），飞扬跋扈、气焰嚣张，下乡"扫荡""清乡"，一旦抓住了游击队员，就会把他们吊在兵营前示众。程天民曾目睹日本兵在竺西小学的操场上，用寒光闪闪的战刀把一名游击队员当众斩首。有一次，一个喝得醉醺醺的日本兵闯进了程天民家里，见到他姐姐程美琛，一边喊着"花姑娘、花姑娘"，一边追逐。幸好程美琛很机灵，逃脱了日本鬼子的纠缠，才免遭一劫。程天民永生难忘抗战8年，身在沦陷区，每一天都身处水深火热。这样的生活，没有亲历过的人绝难知晓。他幼小的心里就立下了"誓死不能当亡国奴"的誓言。

小学毕业后，程天民进入由和桥中学与竺西中学合办的私立彭城初级中学。这所学校安顿在当地一家宗族祠堂——张家祠堂里，离程天民的家只有3里路。程天民进入这所初中后，平时就从家到张家祠堂往返走读。初中3年，家乡战火不断，而战乱中母亲洪振家的离世也让程天民十分悲伤。1942年10月，程天民考入了江苏省立苏州中学念高中。

二、"爱国""坚强"的信念在流亡中扎根

程天民曾在《中国老科学家学术成长资料采集工程研究报告》的自序中写道："科学家、特别是大家的成长，多经历漫长而艰苦的岁月，成大家要比盖大楼难得多，受到诸多因素的影响，如所处的时代背景，对所从事专业的客观需求，领导管理科技的理念和政策，相关领域的发展和互动，学术团队的素

质和协同，特别是科学家自身的意志、毅力、智慧和能力。"
程天民一生攻坚克难、勇攀高峰的志气，严谨治学、上下求索
的态度，其中也源自在苏州中学那段刻骨铭心的求学经历。

苏州中学，这所闻名遐迩的中学，与上海中学、常州中学
和扬州中学同称为江苏四大高中，其前身是北宋名相范仲淹于
1035年捐出私宅创办的苏州府学。它也是宋代历史上规模最大的
官办地方学府，号称"东南学宫之首"。全国抗战爆发后，苏州
沦陷。1942年夏天，苏州中学的爱国师生辗转迁到了宜兴境内的
亳阳村，苏州中学改名弘毅中学。亳阳是个偏远的农村水乡，河
汉密布，小道崎岖，一到雨季更是泥泞难行。这里也是新四军与
国民党军、日本兵相互交错而又都不驻守的地方。亳阳村翠竹流
水、风光优美，这对饱经战乱的学校来说已经算是战火中的"世
外桃源"了。

1944年，17岁的程天民在苏州中学
读高三

在农村办学非常困
难，学校只能借用当地的
宗族祠堂作为教室。程天
民所在的高一年级共有3
个班，总共108个人，大
家戏称自己是《水浒传》
里的一百单八将。学生们
上课没有任何教科书，参
考书就更谈不上了。生活
条件很艰苦，大家只能集
中住在"大堂"或分散居
住在当地农民家中。一间
四五十平方米的房子里要
放二三十张双人床，可以
住40多个女生，床与床

之间几乎只容一个人侧身通过。男生们则睡大通铺，一个挨着一个，每个人也就能占不到一米宽的位置。伙食也十分低劣：大米是有点发霉的陈米，菜基本上就只有盐水煮白菜、煮萝卜，还有就是葱炒豆腐渣。只有到周末，才能见到菜里漂几点油滴。一听到监膳老师大喝一声"开动"，祠堂大殿里立刻响起一片"呼啦呼啦"狼吞虎咽的声音。

在这样艰苦的条件下，学校依旧保持了苏州中学的优良传统，教风和学风十分严谨。老师们不遗余力地倾心授课，学生们也倍感战乱中求学不易，分外刻苦学习。虽然一直处于战乱之中，苏州中学仍旧集结了很多江苏省内知名的精英教师，师资力量非常强大。

老师们上课没有一个带讲稿的，所有内容全都装在脑子里，也没有讲义发给学生。他们经常只随身带两只粉笔，教学全靠板书和口授。上课时，老师把要讲授的题目写在黑板上，之后便口若悬河地一路讲下去。学生们必须一边全神贯注地听，一边埋头在笔记本上迅速把老师讲的记下来，考试前要把笔记背得滚瓜烂熟才能得到好分数。当时，程天民和很多同学对这种教法颇有微词，哪知后来进入大学乃至参加工作后发现，记笔记时居然驾轻就熟、得心应手，倒反过来感激苏州中学老师们的独特教法。

当年的老师们让程天民在时隔几十年后仍记忆犹新，尤其是教生物的周玉田老师。在程天民的印象中，周玉田胖胖的，脸上经常带着笑容。周玉田一进教室，站上讲台就开始讲课。他一边讲，一边还在黑板上画各种各样的图，把自然界里的动物、植物还有细胞都画得惟妙惟肖。学生们把他讲课的内容一路记下来，整理一下就能成一本很好的教材。周玉田老师让程天民第一次感到"生物学太有趣了"，这种对生物学的浓厚兴趣也成为他之后选择学医的重要原因之一。

苏州中学的课业负担繁重。由于在农村办学，根本不可能有电灯，连煤油灯也没有，每个学生只有一盏自制的小桐油灯，灯芯草点燃后的火苗就如黄豆那么大。桐油灯的油烟很大，上完晚自习后，同学们的鼻孔里都能擦洗出黑黑的油灰。就在这黄豆大的灯光下，程天民和同学们每天都复习功课到深夜。第二天清晨天刚亮，田野四处又是一片琅琅读书声。

在这艰苦求学的过程中，程天民和同学们还饱受日本兵"扫荡"之苦。一天，他们在半夜突然听到"日本兵进村了"，立即掀开被褥往外逃，藏身在远处的树林里，待到天明，急忙逃回家中。高中3年，逃亡、搬迁3次，先后迁至亳阳村、义庄村、西锄村，颠沛流离、艰难异常。苏州中学在国难当头之时坚持办学，优良的校风、教风、学风使程天民深受教益。

毕业时，老师在他的成绩单上留下了两个字的评语："敏悟"。程天民在苏州中学3年的学习，一方面学到了扎实的文化知识；另一方面，"要爱国、要坚强"的信念在他的心里深深地扎下了根，为以后的学习、成长以至走好人生道路打下了重要的基础。

三、在中正医学院的难忘岁月

程天民于1945年8月从苏州中学高中毕业。连年的战乱和家庭的变故，让程天民家中的境况大不如前。母亲洪振家在战乱中去世，兄长相继离家谋业。父亲程绥彬因为长期在外做事，只能把程天民和他年幼的两个弟弟托付给程天民的伯母照顾。之后，程天民的继母坚持要求分家，原来的大家庭也不得不分开了。

高中毕业后，程天民还想继续念大学，但日寇仍占领着上海，"誓死不当亡国奴"的程天民既不愿意也没钱到上海租界上大学。最后，他决定到后方报考大学。那时，安徽屯溪（现黄山市）是国民政府江南行署所在地，很多大学在那里设考招生。程天民与同学毕敖洪、庄逢巽从江苏宜兴出发，通过日伪封锁线，徒步进入安徽境内。沦陷区和国民党统治区的钱币不通用，他们只能带些布匹等商品去变卖以维持生活，不料途中遭土匪抢劫，程天民只留下贴身的一打钢笔。一位同行的同学要返回老家，程天民却坚持继续前进，卖掉一支钢笔，徒步走一阵，艰难地到达屯溪。

在屯溪，程天民找到了高中时的铁哥们儿孙初。孙初与程天民既是同乡，又是苏州中学时的同班同学，他们俩经常在暑假时去对方家里小住。当年还在西锄村上学时，孙初因为生病身体虚弱，无法独自回家，程天民不仅陪着他走了几十里路，最后还背着身材高大的孙初走了四五里路，把他平安送回了家。所以，两人如同亲兄弟一般，感情非常要好。孙初在高三那年转学到了屯溪，就读于当地的江苏省临时中学。亏得孙初，程天民总算有个落脚的地方了。当时正好是暑假，江苏临中的学生都放假了，孙初把程天民他们安顿在无人的教室里。在这片狭窄的"学习乐土"上，程天民他们白天复习备考，晚上把课桌一拼，直接就睡在这没铺没盖的"床"上。

在这个最艰难的时期，已经身无分文的程天民，得到早年为了"给程家留根"而落脚江西的大哥程冠民的无私资助。在接到弟弟程天民的求助电报后，这位大哥二话不说，立即寄去了自己两个月的工资，后来还一直支持弟弟上大学。这段兄弟情让程天民感念至今。

屯溪作为学子的后方"求学圣地"，在此招考的大学很多，没有统一考试，都由各个大学自己出题组织招生。程天民在那里先后报考了三所大学。"当时，我没有想太多，因为从

8月开始，我就像无根的浮萍在漂泊。寻求一个安身之处，是我最迫切的需要。"怀着这样的想法，只要能报的学校，程天民都尽力去考，"能够考下来一所就好"。人们常常看到，一个衣衫破旧却干净的青年，行色匆匆地穿梭在隐藏着报考点的小巷之中。

不久，年轻的程天民等来了"一大一小"两个好消息。"大"的好消息与国家、民族相关，那就是"抗战胜利了、日本投降了"。他永远记得，那天出门后，在路上听到大家奔走相告这一消息，兴奋得"心脏都要跳出来了"。他永远记得，那满街的欢呼声、噼里啪啦的鞭炮声。程天民拉上伙伴，几个年轻人连夜从江苏临中跑到了屯溪市区，在街上和大家一起载歌载舞，庆祝抗日战争胜利。"这是我8年来最高兴的一刻，因为从此我们不可能再是亡国奴了！"

"小"的好消息与个人命运相关，他先后被江苏学院、国立中正医学院、英士大学三所大学录取。程天民最先报到的是江苏学院，但最终于1945年10月进入当时在福建长汀的国立中正医学院（个中原委，后面有详细讲述）。

说到国立中正医学院，不论是追寻程天民学问生涯之基，还是单纯作为三医大人，出于母校溯源的因素，都要客观地详加介绍。

第三军医大学原政委高占虎少将在总结校史时，曾把学校的历史沿革和时空变化归纳为两句话，就是"三七来自二十一，两北两南两入渝"。所谓"三七来自二十一"，"三七"是指三医大的前身是七医大，"二十一"是指合校之前三医大经历了21次校名、校址的变化（从松江军区军医学校到合校前的第六军医大学，校名发生了11次变化；从太岳军区卫生部教导大队到合校前的第七军医大学，校名发生了10次变化）。所谓"两北两南两入渝"，"两北"是指学校的两个源头和起点，一个在东北的松花江畔，另一个在华北的太行山区；"两南"是指学校从这两个源头随军南下到达的两个终点，一个是南昌，另一个是南京；"两入渝"中的渝是重庆的简称，是指学校定址重庆后曾迁往上海，而后又迁回重庆，两次进入重庆。这里面提到的第六军医大学定名于全国解放初期，始称华中医学院。1949年9月6日，中国人民解放军第四野战军兼华中军区下达命令，第四野战军医科学校和南昌医学院正式合并，组成华中医学院，隶属第四野战军兼华中军区后勤部卫生部领导。这个南昌医学院，正是原来的国立中正医学院，与今天的三医大，有着浓厚的血缘关系。

中正医学院取名"中正"，显然是国民党当局为讨好蒋中正而为之，但学校的学科设置、管理制度等与一般医学高校并无差异。中正医学院于1937年7月3日创办，校址在江西省南昌市，学制6年，隶属于国民政府教育部。中正医学院是江西高等教育史上第一所专门学院，明确地"以培植公医人才，倡行公医制度，增进民族健康为宗旨"，倡导"国家至上、民族至上"精神。

学院创办时，由王子玕任院长，有教员16人、职员28人。其中，职员有：秘书长汪西林，教务长唐宁康，解剖学科主任王肇勋，生物学科主任黄震，物理学科主任王阔全，体育组主任朱叔青，女生指导吴宜、肖宗说，文书组主任刘琼林，注册组主任盛嵋孙，事务组主任龙镜泉，会计组主任龙毓钧。教员主要有：王子玕教授，唐宁康、汪西林、王肇勋副教授，特约教授黄克纲、查良钟、徐星会。学院的课程设置是：第一学年开设三民主义、国文、英文、数学、化学、物理学、生物学、战地救护学；第二学年开设英文、化学、第二外国语、人体解剖学、细菌学、胚胎学、神经解剖学；第三学年开设物理学、病理学、细菌学、药理学、寄生虫学、实验诊断学、理论诊断学；第四学年开设内科学、外科学、妇产科学、小儿科学、眼科学；第五学年开设内科学、外科学、妇产科学、公共卫生学、小儿科学、神经病及精神病学、皮肤花柳科学、矫形外科学、眼科学、耳鼻喉科学、泌尿生殖病学、X光学；第六学年到医院实习，内科4个月，外科4个月，妇产科1个月，公共卫生3个月。

中正医学院刚刚成立，适逢全国抗日战争爆发。随着日寇侵犯，学院经历了8年的动荡、迁徙。1937年12月迁至江西永新；随后武汉失陷，于1938年秋迁至云南昆明；1940年再迁贵州镇宁；1941年重返江西，高年级设在泰和县，低年级设在永新县；1944年，长沙撤守，赣西告急，校址又移至赣南塘江圩；1945年春，日寇逼近赣西南，形势日险，遂到福建长汀；抗战胜利后，陆续回迁南昌旧址，至1946年1月全部返回。办学8年，7次迁校，需要的图书、仪器无法添置，原有的已毁损消耗，极难开展教学活动。

当时几经折腾，入学后，程天民几乎分文不剩。闽西的长汀，冬天是非常寒冷的。他的同班同学王敖川也是宜兴人，两人都只有一床被子。他与王敖川一合计，干脆就睡在同一张床上，一床被子盖、一床被子铺。不过，与清苦的物质条件相比，适应中正医学院的学习要求更让程天民倍感压力。中正医学院规定学生的修业年限为6年，严格按照6年制医学生的培养目标设置课程，教学水准和要求都相当高。自建立之初以至后来，学院陆续聘请了国内多位大师级学者和知名归国留学生来校执教，例如王志钧、陈心陶、米景贤、赵以炳、刘南山、牛满江、许天禄、杨济时、黄克纲等人，学院师资力量之强由此可见一斑。学院实行全英语教学，教科书都是来自国外的几部原版英文教材，一本中文教材都没有。老师们上课从头到尾都使用英语，课堂提问、学生回答、笔记、作业和考试等都要求使用英语；教学方式非常灵活，老师不会按照教材一路教下去，而是经常根据侧重不同，有时候教得多点，有时候教得少点，有时候让学生看书自学后组织讨论。

中正医学院的考试制度非常严格。考试分为平时考试、学期考试和毕业考试三种，以学分计算各科成绩。其中，平时考试及学生的听讲笔录、读书札记，以及练习、实习、实验等分数占学期总成绩的2/3，学期考试的成绩占1/3，所有的笔记和札记都必须妥善保存，以随时供教育部调阅。而且，课程考试以70分为及格，两门主科不及格就必须留级。这样严格的教学，使毕业的学生具有良好的专业基础。这所医学院自1937年创办至1949年共毕业7届207名学生，在他们中间，后来产生了5名中国工程院院士，还有多名知名医学家。

这种全英语的教学方式和严格的考试制度，着实让程天民头疼了一阵。凭他入校时的英语水平，要达到用英语听讲、回答和记笔记的程度还有不小差距。他十分羡慕学院里的华侨同学，他们都说着一口流利的英语，程天民很担心自己跟不上。不过，也正是因为学校的英语氛围，程天民每天听的课、看的书本、写的作业都是英语，老师、同学之间的日常交流也主要使用英语。在这种全英语环境下加上他的刻苦勤奋，程天民的英文水平提升得非常快，从一开始只能磕磕巴巴地应付读、写、听、说，到后来使用英语已经非常自如了。

"在所有课程当中，我尤其喜欢许天禄教授的神经解剖学课。"在程天民的记忆里，解剖学本来是一门很枯燥的医学基础课，许天禄教授却能把这门课讲活了。许天禄每次总是神采奕奕地走上讲台，面带微笑扫视一下，大家立即就会被他饱满的热情和精神状态吸引住。他还有一手娴熟的画画绝活，一边讲着，一边三笔两笔就能在黑板上逼真地勾勒出人体器官和组织的轮廓。特别是给大家讲神经解剖时，许天禄用两只手同时在黑板上画脊髓切面图，话音刚落，脊髓的断面一下子就活灵活现地呈现在黑板上，让学生们从吃惊到由衷地佩服。程天民也觉得"这个老师真的神了"，发自内心地敬重许天禄老师。

不仅如此，许天禄教授讲课的层次非常清晰，重点突出，从来不会按部就班、就事论事。比如讲神经的时候，他会从解剖开始讲，然后讲不同的神经如何在人体分配、具有哪些感觉和运动功能，之后又会从临床角度出发，通过病人某一部位的感觉或运动障碍，反过来推断相应的神经病变。所以，许天禄从解剖结构讲到功能，再从功能联系临床表现，之后从临床表现反过来解释神经的功能。这种从理论到实践的讲授方式，不仅把一门基础课讲得活泼生动、引人入胜，还让程天民认识到了基础解剖对疾病诊断的指导作用，极大地调动起了他学习的兴趣和积极性。而且，许天禄教授的英语不仅流利，音色还非常好听，程天民感觉"许老师的口语简直达到了美国广播员的水准，听他讲课的确是一种享受"。

许天禄教授后来到广州的中山医学院任教。1986年担任三医大副校长的程天民到广州开会，专门到家里拜望许天禄老师。师生相见，分外亲切。

与许天禄老师的解剖课不同，听陈心陶老师教的寄生虫学课就一点不轻松。陈心陶老师常常会在讲课过程中突然停下来，对大家说"下面，我出个题目……"。这就是陈心陶老师经常让学生们做的"quiz"（小测验），有时还发张纸进行笔试，或者让点到名的学生立即站起来用英语回答问题。学生们对陈心陶老师的这种提问方式防

1945年，18岁的程天民在国立中正医学院读一年级

不胜防，大家都不知道他什么时候会停下来做"quiz"，出的题目也不全是以前讲过或者大家复习过的。很多时候，他会从课上正在讲的内容中出题。这使得程天民他们整堂课都不敢有一丁点松懈，必须高度集中精神跟着老师的思路走，课前还要扎实地做好复习和预习。所以，陈心陶老师的教学方式极大地促进了学生们的自主学习，显著地提高了教学效果。

在中正医学院学习的日子里，学院强大的师资力量和浓厚的学习氛围为程天民打下了扎实的医学基础，让他具备了娴熟的外语水平，更培养了他独立学习和思考的能力，使他在以后的科研工作中受益匪浅；老师们的教学风范也对程天民走上教师岗位后的教育理念和精心教学，产生了直接的启发和影响。

在中正医学院学习时正值解放战争期间，也是风起云涌的爱国学生运动时期。

1946年，程天民在长汀学习了一年后，随中正医学院迁回江西南昌。那时，国民党的腐败统治已经日益激起全国人民的强烈反对，北平（今北京）、上海、杭州等地的反内战、反饥饿爱国学生运动风起云涌，在南昌也激起了风浪。程天民爱国、民主的热情日益高涨。他不仅利用学生自治会这一公开、合法的组织积极编印进步的文艺小报，还发挥自己的特长，为学生运动写标语、画漫画、印传单等，多次以实际行动投入到南昌的

1946年，19岁的程天民在国立中正医学院读二年级

爱国学生运动中。

1947年，随着内战的扩大、国民党统治区危机的加深，整个南昌社会都处于极度黑暗之中。物价暴涨不仅使人民生活陷入极端痛苦的境地，师生的生活也朝不保夕，经常遭受饥饿的威胁，生命安全亦无保障，再加上学校的教育经费少得可怜，江西的高等教育处于危机之中。1947年2月，位于南昌市郊望城岗的国立中正大学爆发学生护校斗争，并逐渐发展为反内战、反饥饿、反迫害的政治斗争。5月21日，中正大学的800余名学生进城游行请愿，提出解冻公费，并增添图书设备、增聘教授、增加教育经费，以及改善教授、学生、职工的生活待遇等合理要求，以挽救中正大学的教育危机。这场护校运动遭到国民党反动派的残酷镇压，参加游行的5位同学受重伤，百余同学受轻伤。

"五二一"事件激起了南昌全市人民和学生的愤怒。5月22日，在中正医学院召开了南昌市高等学校"五二一"事件声援会，号召募捐慰问受伤学生，并且一致罢课，声援中正大学的学生运动。会议决定以"南昌市高等学校抗暴联合委员会"的名义向国民党江西省政府提出抗议。这得有个印章啊，程天民临时用晒干的大肥皂块，为抗暴联合委员会雕刻了一枚长方形的印章，加盖在抗议书上。中正医学院的学生决定，第二天举行抗暴大游行。中正医学院的一些老师和南昌市的士绅担心学生受无谓牺牲，前来劝阻，但被学生们拒绝了。程天民和同学们把身上稍值钱的东西都留下，打算不管有什么危险、阻挠，都要把抗暴游行坚持到底。第二天，程天民及中正医学院的进步学生从学校出发，举着"反内战、反暴行"的旗帜，边呼口号边游行。学生们经过国民党南昌市警备司令部时，果然看到国民党的军警已经架起机枪，荷枪实弹地布防好了。但是，程天民和大家高呼着口号，无所畏惧地一路冲过去。当时，国民党江西省政府主席王陵基生怕事态进一步扩大而不可收拾，未敢下令开枪。最后，程天民和同学们的游行队伍经过百花洲、中山路、洗马池、胜利桥头、阳明路等主要市区，顺利完成游行，平安返校，反蒋爱国的抗暴游行取得胜利。

1948年，程天民当选为学生自治会理事长，负责管理公费、保障学生福利。为了保障好同学们的日常生活，自治会设立了学生膳食委员会管理学生伙食，每天都会轮流安排一名学生和炊事工人一起上街买菜，并联系实惠的书店、小食部和理发店到学校来为大家服务，把同学们的一日三餐、洗澡、理发等等日常生活安排得妥妥帖帖，还常常帮助协调同学之间的矛盾。因此，程天民在中正医学院的学生中颇具威望，赢得了广大同学的信任和支持。

1949年5月，国民党军队节节败退，南昌的国民党军政要员纷纷逃离。中正医学院的训导长陈宗莹逃往台湾，极少数学生离校转学到了广东、福建。然而，院长王子玗留下了，内科主任米景贤教授还从广州回到南昌。中正医学院的绝大多数师生都选择留下来，迎接南昌解放。

解放前的南昌城一片混乱，国民党军的散兵游勇四处为非作歹、到处抢劫。为了反对国民党反动当局疏散、搬迁和转移学校资产的阴谋，

1949年，22岁的程天民在国立中正医学院读四年级（时任学生自治会非常时期理代联合会主席）

南昌高校随即成立了南昌市学生联合会，号召各高校组织护校应变会；并且，明确了宣传《中国人民解放军布告》及各项政策、粉碎敌人谣言、开展护校斗争、保护公私财产、保障师生安全、迎接南昌解放的任务。中正医学院的学生自治会积极响应，成立了非常时期理代联合会（理事会和代表会的联合会）。当时22岁的程天民，被大家一致推选为主席。那时的程天民并不是中共地下党员，只是具有进步思想，希望保卫自己的学校不被破坏，迎接新社会的到来。就这样，他和留在学校的米景贤、凌惠扬、晏良遂、黎鳌等教授一起，组织领导了中正医学院的护校斗争。

程天民把在校学生集中起来，组成多个护校小组，在校园内昼夜巡逻、站岗放哨。学生们没有枪，巡逻的时候就带上铜锣和木棍，遇有情况立即鸣锣为号，群起应对。此外，程天民还组织同学们学跳秧歌舞，学唱《解放区的天是晴朗的天》等革命歌曲，为迎接南昌解放做好准备。

1949年5月21日，解放军的枪炮声由远及近，南昌的国民党残军逐渐向赣江对岸败退。当天晚上，程天民和同学们就开始在教学大楼的地下室里赶制迎接解放的标语、彩旗和《告南昌市父老兄弟姐妹书》，激动地写着"欢庆南昌解放""中国人民解放军万岁""中国共产党万岁"。是夜，国民党军队经赣江上的胜利桥向九江败退，随即炸毁大桥。午夜的一声巨响，宣告了南昌的解放。5月22日清晨，由程天民领队，以一辆救护车为前导，带领师生们到南昌市区迎接解放。

经过中正医学院师生的不懈努力，在南昌解放前最动乱的时期，全校未丢一本书，未伤一个人，完完整整地迎来了解放，并且很快恢复上课，附属医院照样收治患者。

四、转入军校，打下献身国防的基础

往事历历在目。新中国的五星红旗冉冉升起之际，在毛泽东主席面向全世界的"中华人民共和国中央人民政府今天成立了"的庄严宣告声中，已成为中国人民解放军百万雄师中普通一兵的程天民，曾站在浩荡、壮观的人群中那样亢奋地挥手。这是青年程天民难忘的记忆。

程天民清晰地回忆说："1949年6月30日，解放军军管会在南昌市中山纪念堂举行庆祝'七一'大会，邀请各界人士参加。我作为中正医学院的学生代表参加了会议。后任江西省委第一书记的军管会主任陈正人，根据毛主席的《论人民民主专政》和中共七届二中全会精神向大家作报告。这是我第一次听党的高级干部作报告，不仅感到新鲜、好奇和振奋，也由衷地钦佩毛主席、共产党和解放军。"

1949年，程天民（右一）入伍，参加中国人民解放军

南昌解放后，中正医学院由南昌市军管会文教部接管，并于1949年8月1日更名为南昌医学院。为了充实人民军队的医学教育，满足培养医务人员的需要，华中军区司令部商得江西省政府同意，决定将南昌医学院与华中军区医科学校（第四野战军医科学校）合并，番号为华中医学院，并任命华中军区后勤部卫生部第三副部长涂通今兼任华中医学院院长。两校合并后，原南昌医学院的教职员留校继任，300多名学员编入一队，原第四野战军医科学校的200余名学员编入二队。从此，程天民转入军校学习，也光荣地成为中国人民解放军的一员，在军校完成了最后的大学学业。

合并后的华中医学院是隶属于人民军队的医学院校，原南昌医学院的学生也由此正式成为人民军队的一员。然而，这批学生中很多人出身于资本家或地主家庭，不少学生信仰基督教。很多学生都亲身经历了沦陷区的屈辱生活和国民党的黑暗统治，因此打心眼儿里是拥护纪律严明的解放军的，但由于长期生活在国民党统治区或沦陷区，许多学生虽然抱有一腔爱国热情，对无产阶级思想和共产党的方针政策却并不熟悉，很多人对部队的军事化管理和纪律约束不太适应。他们中有的人担心一旦参军就会上战场，还有一部分学生的家庭负担重，担心入伍之后只能领供给制的津贴，难以养家糊口，对参军存在着各种顾虑甚至误解。加上解放初期生活困难，原南昌医学院留存的大米很快就吃完了，在市场上又无法买到大米，主要靠从北方运来的高粱、小米度日，不少人开始怨声载道。为此，涂通今院长在华中医学院党代表大会上明确提出了"教育为主、学生工作第一"的办学方针，慎重处理学生参军问题，决定对原南昌（中正）医学院的学生先行组织两个月的政治学习，强化思想政治教育。

从1949年9月起，程天民和原南昌医学院的学生一起接受了为期两个月的集中政治教育。这也是程天民第一次所受的马列主义启蒙教育。华中医学院重点安排了"社会发展史""中国近百年史话""中国革命基本问题""新人生观"等理论学习内容，组织学生以小组形式讨论；并且，有针对性地举办讲理大会，让同学们根据理论学习体会，针对"是地主养活农民还是农民养活地主""是资本家养活工人还是工人养活资本家""是上帝创造世界还是劳动创造世界"等问题进行辩论。在此期间，学院还有计划地组织学生下农村参观土地改革接受教育，动员大家参加建校劳动，培养学生的归属感和主人翁意识。另外，学院千方百计保障供应，改善师生生活，在学院里营造起了团结建校、奋发学习的良好氛围。

丰富多彩的文化活动，让学院的风气清新活泼。当时，各个学员队都设有俱乐部。爱好广泛的程天民是俱乐部的活跃分子，经常参加并组织各种晚会和文艺演出。他还参加了学院的大型话剧演出队，担任舞台设计和后台主任的工作，多次在校内外演出《思想问题》《保尔·柯察金》《王桂和李香香》《俄罗斯问题》等大型剧目。在这些活动中，程天民逐步认识到："文娱活

1950 年，华中医学院高五期学生结业时合影

动不只是玩玩的意思，要考虑如何将艺术性与政治性结合起来达到教育目的，并如何将艺术变成为人民服务的新艺术。"

两个月的政治学习结束后，程天民认真写了学习心得和自传，在政治觉悟上有了切切实实的提高，不仅在思想上有了强烈的震撼和转变，而且对他的一生起了很重要的作用，为他坚定地参加革命、参加人民军队，以至把自己的一生献给国防卫生事业，打下了良好的思想基础。程天民在这个过程中也由衷地认识到："在政治上要求进步的人，在业务学习上也不会放松；政治上坚定的人，学到的技术才能得到最大的发挥。"

1950年5月4日，程天民光荣地加入了新民主主义青年团；1953年9月，程天民光荣地加入了中国共产党。

程天民所在军校，由华中医学院依次改为中南军区医学院、第四军医学院和第六军医大学。所以，程天民后来填写的毕业学校为第六军医大学。

第三章

人生的五次抉择
成就"大家"

一、从经济系转入医学院

关于程天民的介绍很多，有纪实，有新闻，大都秉持平实的语言，主要集中在"院士""我国防原医学的主要开拓者之一""我国著名的防原医学与病理学家"这样一些词汇上。本书以"点燃思想之光"作为主题，这里更多的是探讨程天民作为一位"大家"，在他不同人生阶段的行走轨迹和思想留痕，揭示他作为一个青年学生从普通到卓越的人生启示。概括起来，从1945年8月程天民高中毕业开始，到他在1983年被任命为第三军医大学副校长，可以作为一个阶段，在这之后又是一个阶段。前者是"积累"，后者是"升华"。这里，想着力讲述的正是程天民在从"积累"到"升华"过程中的五次转身——五次关键的人生抉择。首先要提到的，就是程天民主动放弃江苏学院经济系，就读国立中正医学院。

当年，程天民首先获知录取的大学是江苏学院的经济系。看到放榜通知，程天民一颗悬着的心总算踏实下来了。虽然考取的是经济系，但至少可以有个地方好好念书了。他匆忙奔赴福建三明报到，并很快办好了江苏学院经济系的入学手续。入学后不久，程天民看到报纸上大学放榜的名单，他高兴地发现自己也被国立中正医学院录取了。

程天民本来就想学医。好友孙初也认为程天民性格安静，一副文质彬彬的样子，就是学医的料，因而支持程天民退学去学医。

"那时我选择学医，主要有三个理由：一是高中阶段对生物学特别有兴趣，生物学与医学关系密切；二是学医是医治病人的、做好事的；三是那时'毕业即失业'，而学医不至于失业，谁不要找医生看病啊。"程天民说。当时，中正医学院因为战乱南迁，正好就在福建的长汀。在当年东南地区的高校中，中正医学院的师资力量算是非常好的，并且免除所有学杂费，对程天民很有吸引力。

其实，当程天民说到他当初立志学医的原因时，采访者总有些小小的失望。他们原以为这当中应该有很多"高尚"的原因，比如爱国救民，再比如悬壶济世，但实际上不是这样。中正医学院——对想学医又经济拮据的程天民来说充满了吸引力——无疑是他最佳的选择。这也让人们明白，"高尚"并不是一开始就必然显现。它可能隐藏在一个最浅显的理由中，然后在一次次的人生抉择中得出它的真义。

18岁的程天民鼓起勇气，拿着发榜的报纸找到江苏学院院长，向他说明了自己想退学改学医的愿望。院长十分开明，同意了程天民的退学申请，并把高中毕业文凭退还给他，给了他人生中第一次转身的机会。

从江苏学院退学后，中正医学院的报到截止时间也快到了。程天民立即启程，准备坐汽车到长汀。当年所谓的汽车，动力不是来自汽油，而是烧柴火，开起来又慢又颠，坐在上面让人昏昏欲睡。刚翻过浙江和福建交界处的仙霞岭，程天民坐的"老爷车"突然翻到了旁边的小沟里。他一下子被惊醒，以为必定出大事了。幸运的是，小沟不算深，车虽然翻了，但他没有受伤，只是与死神擦肩而过。他从车里爬出来，发现眼前这个地方前不着村、后不着店，也没有时间等车修好再走，因此决定步行到几里外的建瓯再坐汽车。经过一番折腾，程天民总算风尘仆仆地赶到了长汀，按时在中正医学院报到入学。就在这个过程中，程天民又收到了英士大学医学院的录取通知书。不过他想，既然选择了中正医学院，当然就不会再进入英士大学了。

中正医学院成为程天民治学一生的另一个重要起点。

二、做外科医生的理想 服从病理教学的需要

20世纪50年代初，随着抗美援朝战争爆发，不断发展的战争形势对军事医学人才的需求量猛增，华中医学院的招生数量也急剧增加。此时，中央军委卫生部要求各军区要在5～7年内将现职卫生干部轮训一遍，中南军区后勤部卫生部安排华中医学院负责下辖各军区200名干部的轮训任务。突然加剧的培训任务使华中医学院的师资严重跟不上形势需要。当年，全校仅有教授7人、副教授11人、讲师22人、助教12人，完成正常教学任务的师资已经十分紧张。为解决师资不足问题，学院从上海、广州、福州、南昌等地招聘教师到校任教或兼课，并且争取原南昌医学院的毕业生返校任教。

1950年，程天民完成5年的本科学习后结业。按照6年制医科培养要求，他应当在1951年完成临床实习后毕业。但此时，学院师资严重不足的情况并没有得到实质性改善，基础医学方面的教师更是奇缺。一个教研室里加上主任、讲师才四五个人，却要负担全校的教学工作。因此，中南军区后勤部卫生部决定"1950年解放后的第一批5年结业的学生（6年制，本科6年毕业）不分散使用，集中分配在学院附属医院、中南军区武汉总医院和广州总医院三个点上，以充实师资队伍"，并大力动员结业生留校担任基础医学教师，以缓解基础医学师资严重不足的状况。

程天民的理想是毕业后做一名外科医生。他感觉自己的手

指很长也很灵巧，而且做外科手术能够像篆刻一样精雕细刻，加上外科学成绩也十分出色，所以，他自信能够当好外科医生。然而，在讨论留校人选的团小组会议上，很多团员认为，程天民既能写又能画，是留校当老师的最佳人选。最后，团小组议定推荐程天民留校任教。其实，程天民在此之前从没想过做老师，但当年团小组的决定是很有权威的，程天民觉得："既然团小组都这样决定了，我就服从了吧。"就这样，程天民因为团小组的一次会议改变了人生道路上的一次选择，被留校分配到病理科担任实习助教，在著名病理学家晏良遂教授领导下工作，并从病理学专业开始了他的教师生涯。

刚到病理科报到时，程天民作为一名实习助教，就要独自担当起一个班的全部病理学教学任务。他常常是晚上备课，白天上午上课、下午实习。上实习课时要指导数十名学生，一个人实在忙不过来，就在中午培训"小先生"（学习较好的学生），协助指导其他同学。这样的日日夜夜、摸爬滚打，使程天民感受到一名青年教师的责任。他初步掌握了病理学的系统专业理论知识，锻炼了教学基本功。

1951年至1952年，他被派到由广州中山大学医学院主办的新中国第一期病理学高级师资班进修学习。在我国著名病理学家梁伯强教授和杨简教授的悉心指导下，他刚踏入病理专业之门，就受到了严格的系统培训，专业思想、专业知识和专业技术都打下了扎实的基础，并且通过业务实践，进一步加深了对病理学的认识和感情。

自20世纪50年代后期开始，在完成教学任务的同时，程天民逐步参加科学研究。初期的研究主要包括1958年的急性放射病并发感染和出血研究，1961年至1963年的放射复合伤研究，以及1964年、1965年的肝内胆管结石症研究。

第七军医大学肝胆外科黄志强教授对肝内胆管结石症有系

统、深入的研究（此项目后来曾获国家科技进步奖一等奖），程天民则由病理学方面进行研究。他从2390例尸检中发现胆石症50例，其中肝内胆管结石症19例，占38%，远高于国外尸检资料报告。他深入观察和分析了19例肝内胆管结石在肝内的分布、胆石的形态特征及由其引起的肝内胆管和肝实质的病变，提出这些肝内胆管结石主要是因为感染导致胆管狭窄而形成的，有些脓肿内及纤维包囊的胆石则是因胆汁大量溢出、沉淀和浓缩形成的；对结石肝叶的萎缩，提出主要是由于和胆管伴行的血管发生增生性动脉内膜炎所致，还提出此症主要致死原因是并发的严重感染。《肝内胆管结石症的病理变化》一文发表于1965年第13期《中华病理学杂志》，这是国内外对此症病理学研究的一篇重要文献。

三、因特殊任务转向防原医学

从20世纪50年代起，源自于两次特殊的临时任务，程天民开始接触防原医学，直至结下不解之缘。

其一，我国于20世纪50年代中期，决定研制核武器，并相应地部署放射生物学和放射医学的研究。为迎接全军、全国第一次放射生物学和放射医学学术会议，第七军医大学临时抽调人员开始研究放射病问题，程天民和史景泉、陈意生负责病理学研究。放射科的王其源教授等人用深部X线机照射狗致急性放射病，多学科观察临床表现和相关变化。程天民代表第七军医大学就《急性放射病并发感染和出血的病理形态学变化》一文，在全军第一次放射医学学术会议（1958年在石家庄举行，由卫生部副部长钱信忠主持）上作报告，获得好评。这是程天民第一次以自己的研究成果参加全国学术会议，所报告的是当时为数极少的放射病理学术论文。

其二，20世纪60年代初，国际关系紧张。解放军总后勤部于1960年3月在杭州召开了"三防"会议（称为"三三"会议，由总后勤部副部长兼总后勤部卫生部部长饶正锡主持），部署加强相关医学研究。程天民作为第七军医大学的防原代表参加会议，并随即被抽调参加放射复合伤的集中研究。该研究组由黄志强教授任组长，张肇和与程天民为副组长。坚持了两年多研究，总后卫生部科技处处长鲁敏之来校检查后提出，第七军医大学对放射复合伤的研究和"治疗水平与国内先进水平相当，基础研究高于其他部门"。1964年10月16日，大漠升起蘑菇云，我国成功进行了第一次原子弹爆炸试验，全国振奋，世界惊殊。曾参加过一些防原医学初步研究的程天民上书总后勤部，要求亲自参加核试验，很快被批准。1965年，第七军医大学第一次组织参试分队奔赴戈壁滩参加我国第二次核试验，并决定由卫勤教研室主任高平阶任队长、程天民任副队长，具体负责专业技术工作，实现了程天民的愿望。

1965年至1980年的15年间，程天民先后14次到戈壁滩参加我国核试验，每次短则半月，长则半年。他和战友们以风沙为伴，与实验动物为伍，大漠冷月，所吃的苦，常人无法想象。1979年，程天民由病理学教研室主任调任卫生防疫系副主任兼防原医学教研室主任，并组建新的复合伤研究室，从此便彻底地由研究病理学改行从事防原医学。对这次"改行"，他毅然服从，并全身心地献身于这一新的专业。

对那段非常岁月，他淡然地说："要说苦，在大漠深处工作的日子确实很苦，但我心里始终有一个念头，就是发愤图强，尽快建立和发展我们中国自己的防原医学。"

核试验只能在荒无人烟的地区进行，戈壁滩的工作、生活条件十分艰苦。当年有的人对第一次参加核试验感到无比振奋和自豪，认为是组织的信任，才能够参加这项伟大的事业；第二次参试的态度"还可以"；第三次就不大想去了。而程天民15年间参加14次核试验，次次都认真、投入，没有一种特别的坚持是不可想象的。

"这是我心底的想法——20世纪50年代末，苏联领导人背信弃义，撕毁协议，撤走专家，使我国研制核武器的工作面临巨大困难。也正因如此，更激发起我国自力更生、奋发图强的精神。老帅们说'当'了裤子也要把原子弹搞上去。每当我国自己研制的核武器爆炸成功，蘑菇云腾空而起的时候，我们这些参试人员在核试验现场无不热泪盈眶、欢欣鼓舞。当一个人能把自己的志趣、抱负同国家和人民的需要融为一体的时候，世上还有比这更振奋的事吗？"作为总后勤部效应大队的指挥组组长，程天民不但是这样想的，而且在多次空中爆炸试验蘑菇云尚未完全消散的时候，就率先驱车直入、直插爆区，为的是直接、迅速地查看爆区真实的杀伤破坏情景。在爆区，他目睹了离爆心一定距离内没有任何防护的效应动物全部死亡；从爆心往外的动物遭受的伤害，距爆心越近，伤害越重，很多动物遍体鳞伤，奄奄一息，惨不忍睹；而离爆心距离越远，伤害越轻，防与不防大不一样！这些情景使程天民等参试人员受到强烈震撼：如果我们遭受核袭击，那些"伤狗"就是"伤员"啊！敌方进行核袭击，不会把核武器扔在戈壁滩，而是针对城镇等要害地区，造成的杀伤必将更为严重。面对这么严重的伤害，不研究如何防护、如何救治，怎么得了！强烈的责任感、使命感，更鞭策、激励他下定献身防原医学的决心。

程天民在参加核试验以前，曾在实验室对急性放射病和放射复合伤进行过一些研究。而在核试验中，真实的核武器爆炸造成大批真实的核武器损伤，不是实验室能完全模拟的；并于核武器损伤的许多科学技术问题，特别是大量复合伤的发生机制与救治问题还没有解决。对科学的探索和追求，也鞭策并激励他去刻苦钻研、奋力攻关。在多次参加核试验过程中，他确实遇到很多困难以至危险，比如：戈壁滩酷暑严寒和风暴骤起、飞沙漫天的自然困难。还有地面和低空核爆时，试验动物身上有严重的放射性落下灰沾染，难以完全被洗消掉，近爆区动物体内的金属元素（如钠、钾等）受中子照射而产生的感性放射性更不能洗消掉。如果等待射线自行衰变，就会失去观察和救治的时机。因此，在救治特别是解剖这些动物时，受到核辐射照射实所难免，正所谓"不入虎穴，焉得虎子"。长期外出，不能联系，给家庭生活带来很多困难。有一次，程天民突然接到一个长途电话，被告知夫人胡友梅教授患了鼻咽癌，要他立即返校。他忍着担心和痛苦，发了一个16字的电报："任务正紧，暂不能返，积极治疗，坚强乐观。"所幸后来胡友梅确诊为颈淋巴结结核。面对这些困难、艰苦以至危险，程天民全身心投入工作，无怨无悔。献身国家需求和对科学事业的追求，正是他在防原医学战线艰苦奋斗几十年的精神支柱。

程天民还认为，大规模的核战争打不起来，但不能完全排除未来战争使用核武器的可能性，还可能发生核事故、核恐怖伤害；因而，防原医学研究不能停止，要有预研究，做好技术储备，一旦发生这些伤害，可予以应对。戈壁滩上的难忘岁月，使他与戈壁大漠、与共同战斗的戈壁战友结下特殊的深厚情谊。大气层核试验停止了多年后的1998年，他受核试验基地司令员邀请，满怀深情地又到了戈壁滩。故地重游，感慨万千，程天民站在"永久沾染区"标志前摄下了一张值得长久怀念的照片，并写下一首满含深情的诗——

情系马兰戈壁滩，十八年后重访她。

老有新朋情深切，共叙当年战楼兰。

四、从教授到校长

1983年12月，中央军委主席邓小平签署命令，任命程天民为第三军医大学副校长。从科技干部一下子转任学校领导，让程天民有点不适应，他也割舍不下自己的专业研究。当时，一位领导对程天民说："你的时间如果用在专业工作上应该会出成果，对自己的专业成长很有利，但如果你用这个时间把管理工作做好，把更多人的积极性调动起来，把他们组织好，那样，他们所出的成果比你个人的成果要更多，对国家的贡献也更大，所以要为大局着想。"这一席话让程天民心有所悟，坦然接受了组织安排。

当年，第三军医大学只有两名副校长。程天民为业务副校长，分管学校的教学、医疗、科研等业务。他原以为会给自己一个见习、锻炼和适应的过程，而在上任第一天，面对的就是桌上一大堆需要批示的文件和密集的会议安排，这让他着实紧张了一段时间。好在得益于长期工作在教学、科研一线，程天民非常熟悉各项业务情况，也有一定的管理经验，是当时各军医大学中少有的专家型副校长。经过一段时间的适应，他已经对学校的日常业务管理得心应手。这时，他开始思考学校各项业务工作如何才能进一步发展。

1984年4月20日，学校召开第七次党代表大会。程天民在会上作了题为《对我校业务建设的设想》的报告。他从学校发展面临的机遇和挑战出发，认为"学校要进一步提高、发展，有较好的基础、较高的起点，但也有较多的限制、较大的困难"，在严峻的形势下，"使我校进入并保持全国医学院校的先进行列是可能的，但任务也是艰巨的"。程天民强调"重点医学院校应该成为教学中心、医疗中心和科研中心"，在此基础上进一步提出了全校业务建设的基本设想——着力提高教学、医疗、科研质量，着重提高学术地位，在"提高"和"升位"上狠下功夫。

程天民认为，学科发展是学校业务建设的基础。一个好的学科应能贯彻党的路线、方针、政策，团结协作；有坚强的学术带头人；有结构合理、素质优良的学术梯队；有教、医、研方面的实际先进成就和有前途的发展方向；有配套的、先进的仪器设备和基本适应的工作场所；还有科学的管理制度和方法。但是，要建设好一个学科，既要重视物质建设，更要抓紧人才建设，而学术带头人尤为重要。

他认真分析了三医大84位业务科室主任的年龄、学历、知识与结构，其中主任平均年龄57.8岁，副主任平均年龄53岁，正、副主任年龄偏大；学校当年经考试、考核出国学习的专业技术干部，基本上都在50岁上下，年轻一点的尚缺乏竞争能力。这一形势使大家感到了人才危机，一定要像对待领导班子建设那样，把学术带头人的二梯队、三梯队选拔好、培养好。

程天民把学校在20世纪五六十年代毕业的科技干部作为重点培养对象，提出要"在老教授的培养和支持下，立志在中青年中出若干名国内一流专家"。为实现这一目标，程天民积极为他们争取出国留学和进修深造的机会。对受到政策限制的优秀人才，程天民主动为他们做出国担保。对确实优秀，但还没有晋升副教授职称的干部，程天民提出让他们先承担研究生导师的实际指导工作，并且推荐他们担任校内外的学术职务，增加学术交流机会，提高在军内外的知名度，使这批中青年人才逐渐成为反映学校学术水平的主要阶层，并依靠他们承上带下，在科研工作中充分发挥了挑大梁的作用。

在研究生培养方面，第三军医大学在1978年已经开始招收硕士研究生，1981年获准成为全国首批博士学位授予单位。但由于校内有些同志认为"时机不成熟"或"经验不足"等原因，学校的硕士生培养数量很少，也迟迟没有开始招收博士生。程天民非常重视研究生教育，他认为："研究生培养和学位工作是国家高层次人才工程的关键环节和战略举措，在国家、军队、地方的人才战略中具有战略地位，是在战略事业中居于战略地位的工作，具有极其重大、无可替代的作用"，"对一所院校、一个学科来说，对研究生教育重视，招生、培养、选留、从业做得好的，这个单位就发展得快，出人才、出成果、出效益，有后劲、有前途"。所以，他主张，重点大学、重点学科能不能站得住脚，与是否重视研究生培养有很大关系。如果没有这个远见，学校或者学科就会掉下去，丧失重点的资格。

为此，程天民提出"必须实行医学本科生和研究生两条培养轨道"。他强调，三医大在培养硕士生的基础上，已经具备和积累了培养高层次人才的经验，应当积极、稳步地提高硕士生招收数量，"在博士生培养上迈出步子、开拓局面，有授予权的学科要千方百计招生培养，尚无授予权而条件较好的科室也要选好对象，按博士生要求培养"。程天民主管三医大研究生培养期间，1984年，学校3个博士授权学科首次从全国、全军选拔招收了6名博士研究生；1986年，一次就增加了6个博士授权学科，为培养博士生开辟了新的局面。

经过"文化大革命"后的整顿、恢复，第三军医大学的医疗工作特别是医院建设有了长足的发展。1984年，学校附属医院的床位在全国医学院校中排第6位。程天民认为，把附属医院建成国内一流的教学医院是学校进入全国医学院校先进行列的重要条件和标志，但要成为一流的教学医院，应当是"山不在高，有仙则名"。要从实际出发，不能面面俱到，最重要的是提高人员素质、加强专科建设。作为重点学科、重点科室，应能够治其他医院不能治的病，治病也有独到之处，形成自己不可取代的特色。如果都是一般的水平，轻的病不是非要你治、重病又治不了，这样的医院干吗要存在呢？

因此，程天民根据各附属医院的特点，提出"附属一院以烧伤、肝胆、消化内科、泌尿外科、骨科、放射科、心血管内科等为重点，二院以呼吸内科、心脏内外科、肾脏内外科和普外科等为重点，三院以突出创伤外科为中心及其相应专科为重点，努力将外研所办成全军（争取成为全国）创伤外科的中心"的建设规划，并下决心调整原有医院布局。

当时国内已开始进行器官移植，来势迅猛，三医大三所附属医院都想开展器官移植。程天民认为"新桥医院在这方面已经形成了优势、积累了经验，其他医院何必贪大求全再铺摊子、再起步"，从而集中力量支持新桥医院发展器官移植技术。西南医院和新桥医院都有传染科，但各自的优势都不明显，他主张把这两所医院的传染科集中到西南医院。合并之后的传染科力量明显增强，不久通过为博士学科点，并在1995年成为全军传染病中心。调整后的三所附属医院各具特色，逐步形成了各自的重点学科群，医院的科研和治疗水平明显提高，并取得了一系列创新成果。

程天民在长期从事科学研究的过程中，对军医大学的科研工作有切身体会和深刻认识。他强调，军医大学的科学研究要为战备服务，为部队服务，为教学服务，为防病治病服务；要以军事医学研究为重点，重视基础理论研究；要努力使基础理论研究和军事医学研究结合起来，使基础学科的研究和临床学科的研究结合起来，使科学研究和发展学科、培养人才结合起来，使军用和民用结合起来。因而，必须加强重点学科和重点课题的开发，形成学校和学科的特色。

科研工作的重点，一方面是在长期工作基础上自然形成的，另一面是由上级下达任务与军内外分工决定的。程天民进一步从三医大实际出发，结合自己的科研经验，提出了一系列研究的重点方向。例如，在战伤、创伤方面，重点研究创伤急救、呼吸道烧伤、创伤休克、创伤感染、创伤弹道学、冲击伤、肝胆及多脏器损伤和多脏器功能衰竭以及创伤的基础理论；"三防"方面，重点研究放射复合伤、氰氢酸中毒和Q热；军队卫生和流行病方面，重点研究高原医学、供水与营养保障和微波等特殊因子对机体的影响；常见病、多发病方面，重点研究肺、心、肝、胃、肾、骨等疾患以及重要的传染病；基础理论方面，重点研究创伤反应、神经生理、超微结构和超微病理、免疫复合物、神经血管巨微解剖等。更为可贵的是，程天民提出要围绕重点项目和重点问题，找出学术上的结合点，充分发扬各学科专长协同攻关，减少和避免同一水平上的重复，并且努力把各学科的"协作""结合"发展到更高层次，提高科研起点，争取高水平成果。

1985年，第三军医大学第一附属医院黎鳌教授领衔的烧伤研究获得国家科技进步奖一等奖，这是学校历史上获得的第一个国家科技进步奖一等奖。1985年10月27日至31日，程天民协助黎鳌教授在重庆成功举办了中美首届国际烧伤会议，标志着学校的科研实力和研究水平达到了新的高度。

1986年11月1日，中央军委主席邓小平任命程天民为第三军医大学第五任校长。当时，军医大学的校长多数是从战争年代走过来的老红军，而程天民是在科教岗位上逐步成长起来的专家型校长，这还是比较少有的。对程天民而言，当校长"实非所能，亦非所愿"，但是既然下了命令，还要努力干好，潜心当好校长，努力办好学校。在接任后的第一次全体干部大会上，程天民郑重地强调：我们这个班子"不是为了当官，而是为了干一番事业"。

从1986年到1988年，程天民在短暂的校长任期里，提出了"以质量取胜、以特色取胜"的办学思想，不仅切合了学校实际，做出了自己的特色；而且牢牢把握住了"姓军为兵"方向，坚定地举起了发展军事医学的旗帜，对全军其他军医大学都有启发作用，得到了同行的充分肯定和认可，为军事医学教育做出了自己的贡献。此外，在程天民的不懈努力下，明确了国立中正医学院为学校前身之一，为五个年级的学生确认了新中国成立前参加革命的历史事实，使一些历史冤假错案得以平反；解决了多项历史遗留问题，进一步消除了"文化大革命"遗留的派性，促进了全校的团结奋进；还征得了337亩土地。他为第三军医大学的发展做出了突出贡献，产生了深远的影响。

原总后勤部副部长王谦曾指出：一位校长在任期间能为学校做一两件好事就不简单了。程天民在三医大面临生存危机时受命上任，不仅明确了办学方向和指导思想，带领学校走出了困境，而且为学校长远发展奠定了基础、拓展了空间，"确实富有建树、成果累累"。

五、61 岁回归教学科研岗位

1988年7月，人民军队历史上具有划时代意义的干部制度改革拉开了序幕。中央军委先是相继颁布实施了《中国人民解放军军官军衔条例》和《文职干部暂行条例》，不久后又颁布了《中国人民解放军军官服役条例》。这意味着一大批从事专业技术的军官将脱下军装，成为中国军队历史上的第一批文职干部；一批超过年龄的军官将不能授予军衔，要改为义职干部并退下领导岗位。此时，程天民已经61岁了。之前，他作为正军级军医大学校长，已经做了拟授少将的军衔鉴定；但由于条例的限制，他不仅与将军军衔擦肩而过，而且还要脱下军装改为文职。

程天民从1986年11月起担任校长，在任不到两年。总后勤部领导专门与程天民谈话，要他转为文职干部后继续当校长。当时，很多人好心地劝程天民继续再干两年，这是学校工作的需要；有人还劝说他"台上台下不一样"，"人一走茶就凉"。此时，程天民面临着艰难的抉择：到底是继续当校长好呢，还是退下来让其他同志接任？

程天民当校长的时间确实太短了，仅有短短一年零八个月，连他自己也感到"责任未尽，壮志未酬"。"两个取胜"的办学思想才确立不久，学校各方面建设正有起色，发展势头也很好，自己有好多想法还没有实现，就这样退下来，无论对三医大还是他个人都是一种遗憾。关于台上、台下的问题，程天民的心里很坦荡，"千年功过，任人评说"。他说："如果台上台下都一个样，还不都得乱了套？假如在台上的时候作威作福、以权谋私，下来的时候群众还会放鞭炮的。下台之后人家怎么看待你，很大程度上取决于你在台上的时候干了些什么事。"在这一点上，程天民是问心无愧的。他想：如果自己继续再干两年并不是完全不可以，但自己总有退下来的一天。到时候，学校又该怎么办呢？

程天民认真分析了学校管理干部的情况，几年内可能接班校长的人选主要是从学校副职、部院系的领导中选择，而这些干部绝大多数已经54、55岁了。如果自己改为文职校长再干两三年，那么，下一届能够接任校长的同志差不多又临近退休年龄了。在这一点上，他是有切身体会的。如果自己现在退下来，虽然暂时看起来校长换得勤了点，任职时间短了点，但55岁左右的同志接上来之后，至少可以连续工作5年或更多一些时间；而且，"不在其位，难谋其政"，副职和正职的岗位角色与责任是不一样的，必须及早把有能力的同志放在一把手的岗位上，让他们有充裕的时间来适应、熟悉领导岗位，并在实践中创新、提高，才能持续推进学校发展。

经过反复考虑后，程天民下定决心要退下来。他认为，尽管个人的作用，特别是主要领导人的作用是重要的，可做工作、干事业不是也不能靠哪个人，要靠群体、靠合力；要真正办好经得起长期检验、能显示出效果的事业，是需要经过几届领导、几代人的不断努力才能实现的。并且，作为一个单位的领导，在任期内履行好职责，为以后的发展打好基础、创造条件都是分内的工作；更重要的是，一定要考虑好、处理好以后的接班问题，这件事本身就是重要的领导工作。任期内的工作再忙、再累，成绩再好，如果没有处理好接班问题，就不能说是一个尽职尽责的领导。只有在卸任前就选择好、培养好、推荐好接班人，才是真正对学校工作负责、对历史负责。

为此，程天民精心梳理学校里能够接任校长的人选。最后，训练部部长李士友成为他的首选对象。李士友比程天民小5岁，原来是第四军医大学的训练部部长。当年程天民到四医大参观、学习时，李士友负责接待他，两人还沟通了很多军医大学办学方面的看法。程天民对李士友的印象非常好，感到他的思路清晰，善于在宏观方面动脑子，对办学也有自己的想法。后来，李士友机缘巧合地调来三医大担任训练部部长，成为程天民的得力助手。

李士友长期管理全校业务工作，教学、管理的实践经验丰富，而且担任过两所军医大学的训练部部长，因此"可取诸家之所长用于学校建设"；作为训练部部长，他来三医大的时间虽不太长，但成绩显著，而且积极参与了酝酿、调查、制定学校奋斗目标、办学指导思想和建设规划的全过程，对程天民提出的"两个取胜"办学思想有深刻的体会和理解，还是各项办学措施的具体执行者。所以，程天民通过综合分析认为，虽然李士友来校时间不长，但不管从年龄还是能力、素质来看，他都是接任校长的最佳人选。

就这样，程天民给总后勤部领导写了一封恳切的请辞信，主动要求免去他的校长职务，并推荐李士友担任校长。当时，正值总后勤部召开院校会议的筹备会。总后勤部副部长刘明璞在开会前把程天民的信念给大家听，这封请辞信让在场的所有人都很受震动。在军官制度改革的形势下，部队很多人为了授衔想方设法要留下。程天民主动请辞让贤的选择确实让人们觉得不可思议，也非常感动，一时在医学界和军医大学里传为佳话。总后勤部参谋长杨澄宇专门为程天民写了一首诗："弃官从教上讲台，暑去寒来两鬓白；烛炬长流终不悔，喜看沃土育英才。"

1988年8月5日，中央军委主席邓小平签署命令：免去程天民的第三军医大学校长职务，同时任命李士友为新任校长。9月9日，在宣布任命校长职务的全校干部大会上，程天民作了一次满怀深情的讲话。他对于自己任内的业绩只字未提，而是热情推荐新校长李士友，希望大家给新党委、新校长以支持，把三医大办得更好。他说："我曾在不同场合讲过不少话，起草并签发了不少文件，决定和主持承办了不少事。当然，重要问题都是经党委讨论决定的。一贯正确、全部正确是不可能的，也是从来没有的。对以往出现什么失误、差错，我作为校长、党委书记，主要由我承担。我虽离开校长岗位，但仍然衷心欢迎同志们对我批评、帮助。在我任期内大家对我的理解、支持、帮助，我再次表示深切、诚挚的感谢！"这也是程天民作为校长的最后一次公开讲话，全场无不为之动容，不少人流下了热泪。

1988年9月30日，总后勤部部长赵南起、政委刘安元签署命令，批准程天民由现役军官改为文职干部。程天民结束了自己的校长生涯，平静地脱下穿了近40年的军装，选择以教授的身份重新回归科研、教学岗位，继续从事防原医学教学与研究。他以老有所为的精神，拓展深化研究，获得多项国家科技进步奖；加强教学课程建设，获评军队院校首批国家级精品课程；编著多部专著，培养了多名研究生，翻开了灿烂人生的新的一页。

五次转身、五次人生路口的关键抉择、五次重大的思想交锋，最终成就了这样一位"大家"。

第|四|章

情系戈壁大漠，献身军事医学

一、戈壁滩上的摸爬滚打

1964年10月16日，我国第一颗原子弹爆炸成功，世界惊殊、全国振奋。已经与放射病有过一些接触的程天民心想，如果能亲自参加核试验该有多好啊。他上书总后勤部，请求批准第七军医大学也参加核试验。

1965年，总后勤部司令部批准第七军医大学参加我国第二次核试验，主要任务是进行与核武器爆炸相关的动物效应研究。第七军医大学随即抽调相关专业人员，成立了由卫勤教研室主任高平阶任队长、程天民任副队长的参试分队。虽然此行的具体目的地和任务安排都不得而知，对家人、同事也必须严格保密，只知道核试验基地在大西北，但能够亲自去神秘的戈壁滩参加核试验，让程天民兴奋不已。

尽管做好了吃苦的准备，但是，前去参试的路远比程天民想象的艰辛。程天民和参试分队先抵达北京，与其他分队集结后再乘坐专列去核试验基地。到了北京后，程天民才发现他们乘坐的军用专列其实就是平时用来运货、运动物的闷罐货车。一节车厢里坐十几个人，没有窗户，也没有厕所，在车厢里垫上稻草再铺张草席就是床，另外还有一只马灯和一个大尿桶；列车尾部的几节车厢里，笼子摞着笼子，装的都是狗、兔子、大小白鼠等实验动物，散发出难闻的气味。

往大西北去的铁路沿线车站很少，站与站之间相隔很远，专列也不会中途停车。每到一个站，大家立即要做的就两件事：上厕所和灌水壶。如果错过了这一站，就只能熬到下一站了。吃饭只能靠沿线的兵站提供，十几个人围着一盆菜，蹲在站台的地上吃，吃完饭再上车继续前进。经过四天四夜，总算到达了吐鲁番，在兵站稍作休息后，就改乘敞篷大卡车翻越天山山脉。

戈壁滩上的"公路"坑坑洼洼、高低不平，像搓衣板一样。卡车行驶在"搓板路"上颠簸得十分剧烈，而且车速越慢，颠得越难受。程天民和大家把行李当垫子坐，在车厢两边各坐一排，中间还有两排背靠着背坐。大家这样紧紧地贴在一起，多少能够减少一点颠簸。坐在敞篷卡车上，寒风呼呼地吹，前面车卷起的灰尘铺头盖脸地落在大家头上、脸上。当终于抵达营地时，每个人都是灰头土脸，胃里翻江倒海，双脚早就麻木得失去了知觉。

程天民和学校参试分队被安排在总后勤部效应试验大队第一中队，主要负责动物效应试验。营地位于孔雀河畔的开屏地区。"开屏"是张爱萍将军在这里考察时为它取的名字，因在孔雀河边，并借"孔雀开屏"寓意这个地方的绚丽、美好，而现实中的开屏与它美丽的名字极不相符：常年干旱少雨，昼夜温差特别大，经常是"早穿皮袄午穿纱，围着火炉吃西瓜"。夏天烈日暴晒，热浪滚滚，地表温度高达六七十摄氏度，灼热的沙砾可以把鸡蛋烤熟。程天民等人每次完成防护训练后，全身大汗如水洗。严冬的气温能达到零下二三十摄氏度，大头皮鞋、皮大衣、皮帽这"三皮"必不可少。作业时戴上防毒面具，呼出来的气马上就会结成冰凌，一不小心就能堵住出气孔。最讨厌的还是风沙，大风骤起时的啸声撕心裂肺，甚至能把帐篷掀翻。刮起的飞沙走石扑面而来，漫天的黄沙让人睁不开眼睛，细小的黄沙无孔不入，极大地影响了大家的工作和生活。

最初的营地除了几间低矮的土房和几排帐篷之外，就是无边的沙粒和丛生的骆驼刺。程天民和队员们把土坯房打扫干净，门窗钉上塑料布，然后在地面铺上芦苇就是床了。不过，即使这样简陋的"干打垒"房也住不了几个人，不少年轻的参试人员还得睡在帐篷里。

在核试验基地是根本吃不到新鲜蔬菜的，由于长途运输和气候关系，蔬菜不是干枯就是冻坏，至多吃点萝卜和土豆；用水也十分困难，孔雀河水又苦又涩，难以下咽，就连用河水洗过的头发也是黏糊糊的。生活用水都是从百里外的甘草泉运送过来的，一车水的运费和油费差不多。每人每天分到的水不仅要刷牙、洗脸，还要留到晚上洗脚，最后倒在地上增加空气湿度。如果运水车没有来，用过的水也舍不得倒掉，沉淀之后用来洗衣服。就研究条件来讲，这里是不可能有严格意义上的实验室的。用泥土打成土坯，再一块块垒成土房，在屋顶盖上芦苇、敷上泥巴，就建成了总后效应试验大队的一批动物房和实验室。

核试验是大规模、综合性、高科技、接近实战的科学实验，其根本目的是验证核武器的设计、研制是否成功，主要研究核武器的杀伤破坏效应、防护原则和措施。总后效应试验大队则是进行动物效应（医学研究）和后勤物资效应试验。动物效应试验使这些动物为人类做出了牺牲，让研究人员得以观察到核武器爆炸的杀伤效应并研究相应的医学防护措施。也就是说，动物效应试验是为人类服务的，从动物效应研究获得结果，经推导后应用于人，研究解决人员受核袭击时的防护和救治问题。在核爆炸以前，程天民他们要对试验动物（主要是狗）进行训练，检查各种正常值，保证动物的良好健康状况，并使之能够配合各种医学检查。

这方面的任务也是非常艰苦的。在核爆炸前，必须完成各种效应物的布放工作。其他效应试验大队都可以早早地把各种兵器、物资、工事等不慌不忙地提前布放好、修建好，但试验动物必须晚布放、早回收。每次核试验，要在得到核爆炸时间号令后才能从开屏出发，颠簸几十甚至上百公里赶到预定的爆区，马不停蹄地开始布放动物。在爆区，大家要以爆心为圆点，按不同距离布放试验动物，有的布放在开阔地，有的放在建筑工事内和大型兵器内，有的放在坑道隐蔽处等等，这些烦琐的工作只能在核爆炸"零时"的前一夜完成。如果"零时"因为天气等原因延后，大家还必须再到现场给动物喂水、喂食，有时还得把动物再带回来。不然，这些动物在冬天会被冻死，在夏天会被热死，就完全不能起到效应试验的作用了。

核爆炸结束后，必须在核爆炸后第一时间立即进入爆区回收试验动物，就像抢救伤员一样拉回营地迅速治疗，死亡的要立即解剖，如果延迟就会耽误救治和解剖时机。在同这些效应动物"紧密接触"（例如对伤狗如同对伤员那样抱上抱下，对动物进行解剖观察）的时候，如果动物身上有放射性污染，参试人员受到射线照射也是难以避免的。尤其是在地爆和低空爆炸时，放射性落下灰沾染在狗毛里面很难完全洗消干净；并且，离爆心较近的效应动物体内原有的铁、钙等金属元素，在核爆炸中子的照射作用下会产生感生放射性，这种存在于脏器和血液里的感生放射性是无法洗消的。然而，等待射线自然衰变需要很长时间，不但失去了抢救时机，解剖也不可能观察到原始状态。所以，回收动物速度越快，抢救越及时，受伤动物存活的几率就越大；解剖进行得越早，得到的病理资料就越珍贵。每次核爆炸的前后几天，程天民和大家基本上都是白天黑夜连着干，争分夺秒地布放、回收、救治和解剖动物，也无暇顾忌辐射是否超标。在他看来，"不入虎穴，焉得虎子"，与获取第一手的核试验病理解剖资料相比，吃点射线也是甘于领受的。

从1965年到1980年的15年间，程天民先后14次参加核试验，遇到的困难和危险难以计算。在核试验现场的工作每次短则半月，长则半年。因为核试验严格保密，参试人员在核试验期间不能与外界有任何联系，对执行任务的所见所闻只能"看在眼里、记在心里、烂在肚里"。

在一次核试验中，因为情况变动，临时推迟了爆炸时间，程天民非常担心已经布放好的动物会在爆炸前死亡。他和同事驱车进入爆区查看动物情况，准备在预定时间前返回安全区等待爆炸。然而在返回的过程中，他们刚回到参观点（也是核爆炸后进入爆区的出发点），车辆突然抛锚。程天民他们一想到爆炸后无法再进入爆区观察和回收效应动物就心急如焚，幸有空军效应试验大队的司机及时帮助换掉了断裂的风扇轴，才使他们得以完成此次任务。不过，此事回想起来仍有后怕，如果车辆坏在预定爆区内，因为核爆炸前的各项工作已经就绪，所以只要"零时"一到，程天民他们连车带人都会成为这次核爆炸的效应试验物！

在一次10万吨级核爆炸试验时，爆炸产生的杀伤破坏作用大大超乎研究人员的预计，出现了前所未有的严重杀伤破坏景象。效应动物有的肢体离散、有的心脏被沙石穿透，有的全身被烧焦等等，程天民在解剖时对眼前所见感到震惊不已。他想，除了病理专业的同志可以从解剖看到核武器爆炸所致的内脏损伤外，其他人只能看到伤狗的外观和一些临床表现。如果参试人员都能够亲眼看到核武器对动物造成的这些严重伤害，岂不是更能深化对核武器杀伤作用的认识？

程天民细心地整理和制作了各种器官损伤的病理标本，利用一间低矮的土坯狗房，办起了戈壁滩上第一个也是我国核试验以来第一个核爆炸损伤病理标本陈列室。他把狗笼当展览台，把各种标本分类摆在瓷盆里，挂上用毛笔写的"大字报"，标明病变特征及其意义。这个简陋的标本陈列室一开张就引起了参试人员的极大关注，他们不仅看到伤狗的外貌，而且还目睹了内脏的诸多伤害情况，大大加深了对核爆炸伤害的认识。在之前的两次空中爆炸试验中，有的效应动物伤情相对较轻，一些参试人员就误认为核武器也不过如此。通过参观受伤动物的临床症状、损伤致死动物的病理解剖标本，大家真正感到核武器的破坏作用确实不能小觑，对核武器的杀伤效应有了全新的认识。

从此，每次核爆炸前，程天民都做好各种准备。爆炸一结束，他就带领相关人员夜以继日地搜集数据资料、整理标本、制作展板，往往在爆炸后的24小时就为大家展出这次核爆炸中的损伤动物、病理标本，还有大幅的照片、图表，有时还会有一些稀奇展品。例如在一次大当量氢弹试验后，回收分队多收了一只老鹰。老鹰的半边羽毛和翅膀烧焦了，同侧眼睛也坏了，但对侧眼睛还在亮晶晶地转动。原来，它在空中飞行时遇到了氢弹爆炸，意外地成了飞行状态的效应物。这只戈壁滩上空飞翔的老鹰作为展览室的罕见展品，给参观人员留下了深刻印象。

主管核试验的国防科委主任张爱萍、核技术专家朱光亚及核试验基地司令员张蕴钰等人都来参观了，引起他们极大的兴趣和关注。张蕴钰将军很高兴地对总后效应试验大队领导说："展览搞得不错，应该让其他大队的同志都来观看。"在核试验基地的支持下，程天民他们开始用席棚，后来竟建起了一个有砖墙、玻璃窗、水泥地的大型展览厅。展览规模扩大了，水平也有很大提高。每次展览，程天民既是总编导、总设计师和总指挥，还亲自布置展厅、写字绘图、编写解说词，并且训练解说员，把原来的标本陈列做成了有模有样的展览。展品中有实物、照片、图表、统计数字，有不同爆炸方式、不同当量、不同距离的动物杀伤对比，有暴露于不同防护条件下的杀伤情况对比，图文并茂、形象生动，成为一座名副其实的展览馆。

开屏的核爆炸动物效应展览馆成为核试验场一个固定的参观点，也成为各单位参试和参观人员必到之处以及核试验现场培训的重要场所，陆续接待了总后勤部、国防科委的首长和大军区司令、各军兵种及各野战军的数千名领导、地方党政官员和各种学习班人员。人们在参观过程中无一不被核爆炸的杀伤破坏威力所震撼，对加深核武器杀伤破坏作用的认识、传播核防护知识起到了积极作用。

程天民在参试过程中不仅担任总后效应试验大队指挥组组长，精心组织指挥各参试单位进行核爆效应研究，而且还主持了现场的防原医学训练班工作。他设计拟定了讲授纲目，编印了讲课提纲，并组织"老参试"为新参试人员讲课。他们结合核效应实际，系统讲授了基本知识、伤害特点、防护救治等内容，程天民还亲自讲授了其中几个专题。这些现场培训收到了非常好的效果。他们还将培训班从总后效应试验大队扩展到了其他效应试验大队，因此，核试验基地很多效应试验大队都知道"一大队有个程教授"。

程天民根据医学和效应试验的特点，把核试验目的、核武器的几大杀伤因素、过去的经验等结合自己的体会分成专题，精心设计每次讲课。他讲的课让参试人员印象非常深刻，很多同志都深感"现场一堂课，胜读一年书"。这不仅因为程天民授课能够理论联系实际，并辅以生动形象的表达，而且还因为"就讲课来说，有的人只是讲科技信息，但他是带着感情讲的，可以感觉出来他对事业的热爱"。这些培训不仅普及了核武器损伤及其防护知识，有效地宣传了基本的防护措施，还培养了一批防原医学骨干，深受各单位欢迎。

在此基础上，与实验室研究相结合，程天民对防原医学有了更全面、更深入的理解和把握，研究成果集中汇集于他编著的专著和获得的多项科技奖励之中。他也成为我国防原医学的主要开拓者之一，为建立和发展我国自己的防原医学学科做出了突出贡献。程天民坦诚地说："参加我国14次核试验的经历和实践，是我能当选中国工程院院士的最重要条件。"

二、我国防原医学的开拓者

我国进行了多次核效应试验，取得了丰硕成果，积累了大量效应试验资料。但是，由于每次试验的成果都是在特定条件下取得的，不同的成果资料都分散保存在相应的归口单位手上，需要进一步综合汇集和系统整理。当时正值"文化大革命"时期，为了保证这些珍贵的试验资料不受损失，周恩来总理在中央专委会议上多次指示"科学试验要认真进行总结"，并于1967年和1974年两次批准由国防科委会同总参谋部，组织效应试验各参试单位对核武器效应试验进行综合总结，同时要求"参加整理资料的人员适当固定"，强调"一份资料也不能丢失"。此外，周恩来还明确指示"参加核效应试验总结工作的人员不参加'四大'，只进行正面教育"，保证了"文化大革命"期间这项总结工作能够顺利进行。

总后勤部负责动物效应（医学研究）的总结。程天民作为"老参试专家"、效应试验大队指挥组组长，被指定全程参加了两次大总结，并参与主持确定总结的专题。他自己则从病理学方面总结核武器损伤的病理特点，执笔写出10万多字、有数百幅病理图片的《核武器损伤的病理变化》专题总结。此项工作还有李国民、赵乃坤、王德文、林远等人参加。

《我国核试验技术资料总结》这部汇编不仅是对我国多次核试验的深刻总结和科学检验，是10多万参试大军数十年艰苦卓绝辛劳和大智大勇钻研的结晶，是我国"两弹一星"伟大事业的重要组成部分，其资料的完整性、丰富性和学术权威性也是其他国家不能比拟的。在此之前，美国原子能委员会于1962年出版了萨·道格拉斯的专著《核武器效应（修订版）》。书中介绍了日本原子弹爆炸所致人急性放射损伤发生的情况，之后又公布了日、美联合研究的原子弹爆炸幸存者随访资料。这两份资料以珍贵的人体病理尸检为基础，但只限于一两万吨小当量原子弹爆炸的结果，而且因为战乱，资料零散不全。此后，美、苏两国进行大气层核试验时，由于受动物保护主义所限等因素，使用的试验动物数量很少，进入地下核试验阶段后就更难进行动物效应试验了。因此，尽管我国核试验的次数比美国和苏联少得多，但每次试验的规模大得多，而且，爆炸方式多，使用的动物数量大，收集的各种原始动物效应数据非常丰富，资料也更为全面，真正实现了当年周恩来提出的"一次试验，全面收效"。

《我国核试验技术资料总结》属绝密级，又难为部队所应用，是戈壁滩特定环境下的效应结果，实战时不可能用核武器袭击荒无人烟的地方，同时，核试验动物效应的结果是动物伤害，与人还不完全一致，因而，如何将我国丰富、珍贵的核试验原始资料，变成供部队实际应用，就成为进一步应用、发展核试验成果的关键问题。为此，程天民又接受了新的任务——编著《核武器损伤及其防护》。

程天民受总后勤部司令部委托，由他主持，与叶常青、王正国、赵青玉一起对核试验资料进行再研究，去掉绝密级资料，将动物效应结果推导及人，将戈壁滩条件推导到城镇（例如发生大量继发伤），把多次试验结果系统化、理论化、实用化，编著了第一部以我国自己的核试验资料为主要依据的《核武器损伤及其防护》（1973年第一版，26万字）。后又进行多次核试验，积累了新的资料。程天民他们在1980年编著了第二版，62万字，内容有很大拓展、深化。该书由战士出版社出版，总后勤部卫生部发放全军，成为全军核损伤及防护方面第一部可供实际培训应用的教材和专著。程天民他们在军事医学科学院编写这本专著时，夜以继日、废寝忘食，高质量、高速度地完成了这项艰辛的任务。

然而，程天民并没有止步于此。他认为，核武器是大规模杀伤性武器，可以在极短时间内造成大量伤员，伤类多、伤情重，给卫勤保障带来很大困难。一旦遭受核袭击，军用、民用设施与人员将同时被破坏伤害。只有军队和地方通力协作，才能有效地组织防护和救治。另外，随着我国经济发展和技术进步，核能的开发和综合利用已日益广泛，并将深入地渗透到工农业生产、科学技术和人民生活的多个领域，预防和救治核武器损伤及核事故伤害，做好利用核能方面的医学防护工作，具有重大意义。因此，防原医学不仅是一门军事医学，而且也应当是一门平战结合、军民两用的科学。

为此，程天民在两次编著为部队所用的《核武器损伤及其防护》基础上，进一步编写了一部适应平战结合及军民兼用的防原医学专著。1986年，由程天民任主编，罗成基、闫永堂任副主编的我国第一部《防原医学》由上海科学技术出版社出版，在全国公开发行。

通过初期开始研究急性放射病和放射复合伤，参加我国核试验，系统、深入研究核武器损伤及其防护，创办核武器动物效应展览，主办防原医学现场训练班，参加我国多次核试验技术资料的系统、综合总结，系统地深化对核武器效应的规律性认识，主持编写我国第一部《核武器损伤及其防护》和《防原医学》专著，以及主编《核事件医学应急与公众防护》科普读本等一系列工作，程天民和其他专家一起，着力发展了我国的防原医学，建立了我国自己的核武器损伤及其防护的理论学术技术体系。这个体系主要包括：核武器的杀伤作用（主要体现为杀伤范围和伤类伤情），各类核武器损伤的发生发展规律与临床病理特点，从核武器的可防性与难防性分析提出防护原则，对各类核武器损伤的防护和救治形成系列的救治原则与措施，并提出了核战争条件下卫勤保障的伤员分级救治。因而，程天民为发展我国的防原医学，在多方面做出了重大贡献，成为我国两院院士中防原医学仅有的两名院士之一。作为我国防原医学的主要开拓者之一，他为建立和发展我国的防原医学学科体系做出了全面的、历史性的突出贡献。

三、知难而进：引领我国复合伤研究

确定复合伤研究方向

1977年，第三军医大学将医学防护教研室内的防原和防化两个专业分开，分别成立了核武器损伤医学防护学教研室和化学武器损伤医学防护学教研室。1978年，第三军医大学成立了全军第一个卫生防疫系，两个教研室分别更名为防原医学教研室和防化医学教研室。1979年，程天民由病理学教研室主任调任防原医学教研室主任，同时担任卫生防疫系副主任。上任后，程天民首先考虑的就是如何确定防原医学教研室的研究方向。

防原医学的主要研究领域同核爆炸的杀伤因素直接相关。核爆炸时瞬间产生的巨大能量，主要形成光辐射、冲击波、早期核辐射和放射性沾染四种杀伤破坏因素。前三种因素的作用时间均在爆炸后的几秒钟至几十秒钟之内，称为瞬时杀伤因素；放射性沾染的作用时间长，可持续几天、几周甚至更长时间，因其放射性危害人员健康，故称为剩余核辐射。

光辐射是由于核爆炸瞬间产生的几千万摄氏度高温的火球向四周辐射的光和热，引起体表皮肤、黏膜等烧伤，也可因建筑物、工事和服装等着火引起人体间接烧伤；冲击波是由于核爆炸形成的高温高压火球，猛烈向外膨胀，压缩周围的空气层，形成一个球形的、空气密度极高的压缩区，以其冲击波的超压、动压和负压，直接或间接作用于人体造成各种冲击伤；早期核辐射作为核爆炸特有的一种杀伤因素，是核爆炸后最初十几秒钟内产生的丙种（γ）射线和中子流，当人体受到一定的剂量照射后，会造成人体不同程度的放射性疾病；放射性沾染是核爆炸后的碎片或分裂后的产物，可形成放射性落下灰，造成空气、地面、水源以及各种物体和人体的沾染，对人员的损伤有外照射损伤、内照射损伤和乙种（β）射线皮肤损伤。这四种杀伤因素及其造成的不同伤类、伤情，是防原医学的主要研究对象。

当时，防原医学领域的主流观点认为：在核武器损伤中的光辐射、冲击波损伤等，与常规战争中经常发生的战伤创伤类似，因而两者的治疗原则基本相同；为核武器所特有的损伤是核辐射损伤，特别是早期核辐射损伤难防难治，因此，国内的主要防原医学研究机构都集中研究放射病。就军内而言，早在我国开展核效应试验筹备工作时，就专门安排军队最高的医学科研机构——军事医学科学院负责组织核武器损伤防护的相关研究。他们的研究工作开展得早，研究范围也相对较广，成立了专门的研究所，科研队伍的实力也比较强。尤其是军事医学科学院放射医学研究所，其实力和水平在当时国内有很大的影响力。此外，军医大学中的第二、第四军医大学也专注于搞放射病研究；其中，四医大侧重研究核爆炸后的落下灰效应及内照射，二医大侧重于急性放射病治疗研究。当年地方的科研单位，如中国医学科学院放射医学研究所、中国辐射防护研究院和卫生部工业卫生实验所等知名研究机构，基本上也都把核爆炸导致的放射性损伤作为主要研究目标。

程天民当时考虑，第三军医大学虽然已经成立了防原医学教研室，防原医学也成为国家恢复学位制度后首批招收硕士研究生的学科，但整个教研室的编制只有13人，而国内几家研究放射病的机构都是当年参加核试验的主要单位，科研资源和研究队伍的实力都十分强大。如果随大溜也搞放射病研究，防原医学教研室的"十几个人、七八条枪"最多只能算是"小本经营"，实力悬殊太大，"跟着走尚有困难，何谈跟上、赶上，出路在何方"？

根据对多次核试验资料的分析，程天民认为放射病虽然是核武器爆炸时的特殊伤情，但核武器的多种杀伤因素往往共同致伤，受伤人员发生复合伤的比例相当高。比如，1945年日本的广岛、长崎遭受原子弹袭击后，伤亡人员中有60%～80%遭受的是复合伤。在我国多次核试验过程中，核爆炸造成复合伤的地域面积在整个杀伤区面积中所占比例高达50%～80%，其中地爆时占60%～80%，空爆时小于50%。这充分说明复合伤是核爆炸引起的主要伤类，因而也是实战中实施医学防护和救治的重点。

然而，复合伤研究在当时国内学术界存在着不小的争议。复合伤是防原医学的一个研究分支。所谓"复合伤"（combined injury），是指机体同时或先后受到两种或两种以上不同性质致伤因素作用而发生的复合性损伤。一些国家从20世纪50年代起就开始对核爆炸复合伤，主要是放射性复合伤进行大量的实验研究。20世纪60年代初，我国有关单位在放射生物学与放射医学研究取得一定成果的基础上，也开始进行放射损伤复合烧伤、复合骨折和复合创伤性休克等类型复合伤的基本规律与实验治疗研究。复合伤救治和研究的难度都非常大：在战时，这种损伤主要发生于使用具有多种杀伤因素的武器，如核武器、贫铀武器等；还发生于同时或先后使用具有不同杀伤性能的武器，如弹物、爆炸、燃烧等。在平时，复合伤常见于矿难、交通事故等多类事故和灾害中。在临床救治上，原本单独遭受如放射病、烧伤、冲击伤、火器伤的其中一种，就能造成十分严重的后果，如果遭遇几种损伤复合、叠加，就会导致更加复杂的伤情，救治也更加困难，死亡率很高。研究复合伤同样非常复杂，还需要专门的多科致伤设备；相对于单一伤，复合伤研究的工作量也成倍增加。比如研究单一损伤，一般只需设置两个组；如果研究两伤复合，至少需要设置四个组——两个单一伤组、一个复合伤组、一个对照组，工作量至少增加一倍。因此，国内外的复合伤研究虽然开始得早，也在实验研究基础上提出了复合伤的一般治疗原则，但对复合伤发病理论没有深入的认识，治疗上缺乏切实有效的措施，复合伤也就成为防原医学领域公认的一块"硬骨头"。

也有人对复合伤是否具有研究价值提出了疑问。有人认为，核爆炸情况下最特殊的伤情是放射病，只要搞好放射病的研究，复合伤的问题自然会迎刃而解，不用单独研究；还有人认为，核爆炸所致的每一类损伤都有其特殊的发生发展机制、临床病理特点、诊断和防治原则及措施，进行复合伤研究的条件要求太高、难度太大，单一损伤都没解决，不可能解决复合伤问题。所以，当时军内外研究过复合伤的一些知名研究机构，都由于种种原因半途而止，相继放弃了复合伤研究。

在这种情况下选择研究复合伤，确实有点"明知山有虎，偏向虎山行"的味道。如果它真的是研究死角，最后的结果就是浪费精力白干一场。不过，程天民却认为，"科学研究的结果，谁都不能打保票"，既然复合伤是核爆炸中的主要伤类，"我们这么大的国家和军队，如果不搞防原医学，或在防原医学中不搞复合伤研究，就会在战略上留下重要缺口，一旦发生战争或严重事故，将付出巨大代价。应当把复合伤作为防原医学的重要研究领域，不能等待单一伤，特别是放射损伤的问题解决以后再研究复合伤"。

从教研室（研究室）的实际情况来看，研究复合伤带来的不一定是弊，也有利。程天民认为，研究别人不搞或者少搞的复合伤，既能体现国家和军队的重大需求，又展现了自己的研究特色。复合伤的"难"正说明很多问题还没解决，存在着发展、创新的空间；复合伤"复杂"，说明它与其他学科联系紧密，是连接防原医学、放射医学、创伤医学和烧伤医学等学科的一条学术纽带，也是促进学科交叉融合的桥梁。因此，程天民在众多同行不看好的情况下，顶着"不用搞""不能搞"的舆论压力和"难度大""工作量大"的科研压力，坚定地把复合伤确定为第三军医大学防原医学研究的重要突破口和教研室（研究室）的主攻方向。

建立我国唯一的复合伤研究所

在程天民带领下，在防原医学教研室基础上建立的复合伤研究室，多次参加核武器现场效应动物试验。参试过程中，程天民根据复合伤研究的需要，有针对性地设计并收集了大量珍贵的研究资料和数据。这些原始资料为第三军医大学的防原医学及复合伤研究，创造了得天独厚的实践机会和研究条件。但是，核武器试验毕竟是真实的核武器爆炸，它的致伤条件以及造成的伤害不易受人为控制，不可能在现场获得严格对照的伤类，或者在多种特定伤情之间进行相互比较。同时，在现场恶劣的自然环境和简陋的实验条件下，难以使用高精密度仪器设备实施精细的研究。现场核爆炸是即时性、不可重复的，一旦我国停止核试验，研究环境也随之终结，无法再长期、深入地进行。此外，程天民也敏锐地观察到，大气层核试验不可能长期进行，最终必将停止。由此，程天民认为必须建立自己的复合伤实验室。

1979年7月，第三军医大学新组建的复合伤研究室，列入军队编制，程天民兼任研究室主任。从此，程天民带领防原医学教研室和复合伤研究室两个机构、一套人员，走上了教学与科研相互结合、相互促进、共同发展的道路。

复合伤研究室初建时，条件十分艰苦，研究人员只能在曾用于堆放建材的漏雨漏风的席棚里做实验。程天民用戈壁滩上核试验基地的艰苦奋斗精神激励大家：不能消极等待，要在实干中逐步创造条件。他带领大家把现场实践和实验室研究结合起来，边干边建，以干促建。

为了模拟核爆炸现场条件，程天民和研究人员一起自力更生，自己动手研制了多种致伤设备。其中，闫永堂等人用类似鸦片战争时土炮那样的粗钢管，一端装上TNT炸药，点燃后模拟激波管内爆炸带出的强烈冲击压力，成功制造出了冲击损伤；何庆嘉等人用5千瓦的溴钨灯照射，模拟制造出了强光、高热的光辐射烧伤；他们还利用钴源进行照射，制造出了急性放射病等。这些实验设备虽然简陋，但基本上已经能够在实验室里模拟出单一的放射病、烧伤、冲击伤，并可在此基础上制造各种复合伤，为开展系列复合伤实验研究创造了条件。1981年，程天民致函总后勤部，呼吁支持复合伤研究室建设，1982年，总后勤部下拨20多万元。程天民他们精打细算，修建起了一幢500平方米的复合伤实验楼。

1988年，程天民从校长岗位卸任后再次回到了复合伤实验室，继续从事自己深爱的防原医学研究工作，复合伤研究更是进入了"升华"阶段。

1989年，第三军医大学的防原医学在全国首次国家重点学科评审中，成为预防医学领域入选的4个国家重点学科之一。此时，程天民感到学校的防原医学和复合伤研究尽管已经有了一定基础，但是相对于其他国家级重点学科来说，防原医学起步晚、学科基础薄弱，而且，复合伤研究难度大、要求高，学科要进一步发展成为名副其实的国家级重点学科需要多方面的支持。为此，他亲自致函总后勤部卫生部，恳切地谈到学校防原医学发展情况，并且表达了自己"在有生之年把这一重要学科、全国全军唯一的研究复合伤的机构建设好，把新一代的学术接班人培养好"的深切心愿，呼吁总后勤部对学校的防原医学学科和复合伤研究下拨专款，给予特殊的"扶贫"支持。之后，实验室获得了总后勤部下拨的100万元建设专项经费，科研条件有了一定的改善，也为复合伤研究注入了新的动力。1993年，复合伤研究室被批准为全军重点实验室；1995年，再次被解放军三总部批准为全军重点建设实验室。1997年，历经近20年的发展壮大，复合伤研究室正式被批准成为全军复合伤研究所；与此同时，新建的3600平方米复合伤实验楼竣工，"鸟枪换成了炮"。后来，它与三医大野战外科研究所、烧伤研究所联合组建成全军第一个国家重点实验室（创伤、烧伤与复合伤国家重点实验室）。

总体思想与分步进行

在核爆炸四种杀伤因素的复合作用下，能够发生不同类型的复合伤；而且，不同当量核武器和不同爆炸方式所产生的复合伤类型也有很大不同。比如，小当量核武器爆炸导致的主要伤类以单纯放射病、放射复合伤为主；大当量核武器，特别是10万吨级以上氢弹爆炸时导致的主要伤类，就以单纯烧伤和烧冲复合伤为主。程天民认为，要把复合伤研究长期坚持下去，就不能眉毛胡子一把抓，必须对复合伤有整体的驾驭能力，既要有总体思想，又要分步进行。

按照是否为复合放射损伤，复合伤可大致分为放射复合伤和非放射复合伤。根据在核试验现场的研究情况分析，放射复合伤在万吨级以下当量核爆炸时的发生率最高，而且，地爆时明显大于空爆。例如，在一次千吨级原子弹地面爆炸时，放射损伤半径达1500米，冲击伤半径约400米，放射性沾染严重；在冲击损伤范围内的动物，绝大多数都发生了放射复合伤，重度以上的还合并有烧伤。在非放射复合伤中最常见的是烧冲复合伤，尤其在10万吨级以上，特别是百万吨级核爆炸造成的主要伤类就是烧冲复合伤。例如，在一次大当量的空中核爆炸中，6.5公里内开阔地面上的实验狗几乎全部发生了不同程度的烧冲复合伤。在平时，放射复合伤为核事故情况下发生率和致死率最高的伤类，而烧冲复合伤在瓦斯、锅炉、火药等爆炸事故中也十分常见。因而，程天民认为，放射复合伤和烧冲复合伤不仅是核爆炸中最常见、最有代表性的两类复合伤，对平时的医学防护和临床诊治也有十分重要的意义。

程天民参加了国防科委组织的两次核效应试验资料大总结。第一次大总结时，程天民重点研究总结了放射病、光辐射烧伤、冲击伤等单一伤和放射复合伤的病理变化；第二次大总结之前，因为我国已经进行了几次氢弹等大当量的核武器爆炸试验，程天民收集整理了大量烧冲复合伤的数据资料，所以在这次大总结中，他着重研究总结了烧冲复合伤的病理变化。这两次大总结中，程天民集中综合研究的专题"核武器损伤的病理变化"，有10多万字、几百幅图片，包括不同当量、不同爆炸方式核武器爆炸所致的各类真实核武器伤害的病理变化，成为国内外这一领域最全面、最系统、最真实、最具学术权威性的病理学文献。通过对放射复合伤与烧冲复合伤的病理变化进行系统梳理和总结，程天民不仅获取了这两类最常见复合伤的原始资料，并且得以将这两类复合伤的病理研究集中起来，进一步把放射复合伤和烧冲复合伤确定为第三军医大学复合伤研究的主要任务。

放射复合伤和烧冲复合伤的发病机理不一样，治疗原则和重点也不一样。例如，放射复合伤以放射损伤为主，关键损害在于造血系统、肠道和难愈创面等方面；而烧冲复合伤主要是体表烧伤和心、肺、肾等内脏损害问题。它们的致伤因素、研究方向和重点各不相同。程天民在这两类复合伤病理变化研究的基础上，指导博士生分别对这两类复合伤进行深入研究。其中，粟永萍主要进行放射复合伤研究，研究的重点放在了放烧复合伤方面。这主要是因为放烧复合伤在核爆炸的放射性损伤中最为常见；而且，放射伤和烧伤具有明显的全身反应，研究涉及面广，易于系统深入。此外，放射病和烧伤这两种伤类都相对容易量化，造成放射病的辐射剂量、烧伤伤情的面积和深度等都可以用可控的方式进行综合量化比较。另外一名博士生郑怀恩主要从事烧冲复合伤的研究。

1982年，程天民牵头的"烧冲复合伤的病理变化研究"获得了军队科技成果一等奖。这是他首次获得高级别科技奖励，也是当年第三军医大学获得的唯一的军队科技成果一等奖。1992年，"放烧复合伤的病理学研究"也获得了军队科技进步奖一等奖。在两大主要复合伤的病理学研究都获得军队科技成果一等奖的基础上，程天民主持深化研究放烧复合伤和烧冲复合伤在伤后不同时间、不同部位的病理变化，深入研究病变发生机制。1993年，以程天民作为第一完成人，并与粟永萍、林远、王德文、郑怀恩、古德全等人共同完成的"放烧和烧冲复合伤的病理学研究"获得了国家科技进步奖一等奖，这也是第三军医大学获得的第三个国家科技进步奖一等奖。

放烧和烧冲复合伤的病理学研究包括了十几次核试验的现场研究及大量实验室研究工作，研究全程跨越了20余年，使用了上千只实验狗和8000多只小实验动物，研究观察的病理切片有近6万张。这项研究总结了两类最重要、最有代表性的核爆炸复合伤的基本病理特点，阐明了致伤后全身的基本病理变化以及各主要伤害器官的病理特点和发病规律；首次发现并阐明了几种重要的病理变化和病理现象，包括骨髓巨核细胞被噬现象、一定程度烧伤促进放射损伤肠上皮修复、以单核样细胞为主的特殊炎细胞反应、延长对放烧复合伤所植异体皮的存活时间等，进一步阐明了复合效应的特点，并提出了几种重要变化和致伤因素之间的系列量效关系，为临床诊断和治疗提出了系统的病理学依据。这项研究凝聚了程天民与三医大防原人近30年矢志不渝坚持复合伤研究的心血和汗水。这些成果丰富了防原医学和病理学的理论内容，促进了我国的复合伤研究，在不少方面填补了国内外空白，成为国家制定有关卫生标准的主要依据之一，同时还产生了重大的社会效益和军事效益。

在两大代表性复合伤的病理研究取得重大成果的基础上，程天民冷静地提出，复合伤研究最终要以解决治疗问题为目的，要最大限度提高生存率，最大限度降低伤死、伤残率，不能只研究病理变化，更重要的是研究如何治疗。但是，复合伤是多种因素相互作用下复杂的全身性伤病，如果只是就事论事地进行治疗研究，可能陷入"头痛医头，脚痛医脚"的境地。科学研究很重要的方面是要不断提炼、凝聚关键科学问题，只有抓住关键科学问题锲而不舍、总体设计、分步进行，有针对性地一步步深入下去，才能在更深层次上、更高水平上来阐明和解决这些问题。

为此，程天民和研究团队一起，首先从复合伤的发病机制入手，逐一梳理其致伤、致死的关键环节。他们发现，由于大多数复合伤的伤情严重，具有严重创伤的基本规律。从纵向看，复合伤致伤发病过程中的关键环节，主要表现在早期全身性损害（包括应激反应、缺血缺氧、过度炎症反应综合征等）、重要内脏并发症和多器官功能障碍或衰竭、创伤的组织修复等方面；从横向看，因为致伤因素的性质差异，不同类别复合伤发病致伤乃至致死的关键环节各不相同。其中，放射复合伤主要是造血损害与重建、免疫紊乱与调控、肠上皮损伤与修复、创伤难愈与促愈等问题；烧冲复合伤除了烧伤、创伤造成的外部伤害外，更严重的是会发生心肺病变与全身循环障碍、肾脏病变与急性肾功能不全、免疫紊乱与抗感染功能降低等问题。确定这两大复合伤的致伤、致死关键环节后，他们开始组织力量对各个关键环节的发生机制和救治措施逐一进行深入的研究，程天民带领团队着重研究放烧复合伤的救治。

从1992年到2000年，程天民和研究团队针对放烧复合伤的不同环节进行深入的实验治疗研究，先后获得了6项省部级科技进步奖二等奖。2001年1月，由程天民、冉新泽、陈宗荣、闫永堂等人共同完成的"放烧复合伤几个关键环节的治疗及其理论基础的实验研究"获得了国家科技进步奖二等奖。这项研究在国内外首次提出复合伤创面细菌侵入性感染与免疫功能障碍是其病情恶化的主要环节，认为在发生创面细菌侵入性感染前，即伤后早期（24小时内），切痂植异体皮是阻止病情恶化的重要措施；首次阐明了异体皮移植存活的机理和措施，认为照射剂量、植皮时间、输血类型是影响异体皮移植存活的重要因素；并通过系列研究，首次提出了急性放射病与放射性复合伤异体骨髓移植时输血的基本原则，首次提出了合并全身放射损伤时深度烧伤创面的处理原则，为复合伤的临床救治奠定了基础。

聚焦复合伤的关键科学问题

明确复合伤研究方向是程天民在防原医学研究领域迈出的关键一步。然而，复合伤的伤类复杂、伤情严重，不同伤类复合后的研究和治疗手段也不相同；而且，复合伤研究的工作量大，不可能对所有伤类逐一研究。面对千头万绪的研究对象，程天民决定从复合伤的"难"入手，先把复合伤为什么比单一伤"难"搞清楚。

按照人们的惯常思维，复合伤难在多伤"复合"，认为"复合"必然加重。自20世纪60年代开始，人们在爆炸事故及核试验现场对受损伤人员和动物的复合伤进行了比较细致的观察，逐渐发现复合伤伤员的伤情比相同程度的单一伤明显加重、死亡率明显增加。研究者在研究复合伤的伤情特点时也着重于观察死亡率，主要侧重研究复合伤的相互加重规律。因此，很多文献将

"相互加重"作为复合伤的最基本特征，将复合伤称为"相互加重综合征"，认为复合伤的伤情和致死率大于单一伤之和，形象地表达为1+1>2。诚然，"相互加重"确实是复合伤整体效应的重要特征，尤其是中度以上的单一伤复合后，某些重要病变的严重程度大于各单一伤之和，病程恶化加快，死亡率升高，并可高于单一伤的死亡率之和。例如早期研究就发现，狗单纯经受100伦X线照射后并不会死亡，在25%的体表遭受深二度烧伤后的死亡率为12%；如果两伤复合后，狗的死亡率就将达到75%。尔后，一些新的问题随之提出：复合伤伤情是怎样加重的？除加重外是否还有其他情况？对治疗有哪些影响？

为深入研究复合伤的发病特点，程天民反复观察复合伤的临床病理表现。他发现在器官、组织和细胞这一层面上，多伤复合后的伤情并不是简单的两两叠加。比如，中度以下的较轻烧伤常对造血有刺激作用，对合并的放射损伤造血抑制效应有一定程度的补偿。因而，程天民大胆假设：机体遭受两种或两种以上致伤因素作用后，单一伤之间存在着某种相互影响的关系。这种相互影响能够使复合后的单一伤表现与单独发生损伤时的表现不完全相同，从而使复合后的整体伤情不一定都比单一伤情更严重。

程天民还感到，事物的"有利"和"不利"不是一成不变的，可以在一定条件下转化，有利变为不利，不利变为有利。人们的主观能动性就在于防止有利转化为不利，促进不利转化为有利。这种辩证思维对科学研究和医疗实践具有重要指导意义。例如，单纯烧伤的创面处理已有很多成熟经验，而合并放射损伤后，烧伤创面极难愈合，极易并发严重感染出血，使全身伤情进一步恶化。如果对创面进行自体植皮，固然容易成活，但取皮处又造成新的创面，也难愈合而加重伤情。程天民思考：合并的放射损伤抑制免疫功能，对机体肯定不利，但能否化弊为利，借由其降低排异反应、促进异体植皮的成活呢？经系列研究获得成功。对Ⅲ度烧伤创面于伤后24小时内即行一次性切痂植异体皮，结果，异体皮生长良好，伤后早期即消除了烧伤创面，平稳度过极期，有效地促进了恢复期的治愈。

之后，程天民的第一个博士研究生粟永萍在研究放烧复合伤的肠道病变时，发现度过休克期后，复合伤情况下的肠上皮修复比同剂量单纯放射病的修复更快、更好。这种"反常"现象一开始让师生俩都不敢相信，进而开始设计一系列量效研究，比如先固定射线照射剂量、变动烧伤伤情，再固定烧伤伤情、变动照射剂量等等，最终再次发现并确认了这一事实：放烧复合伤与同剂量照射下的单纯放射病比较，伤后早期休克发生多、程度重，表现为加重效应，但假如能有效防治休克，进入肠上皮再生期时，复合伤比单纯放射病的肠上皮再生好、修复快。这也再次证明了程天民之前对复合伤必然"相互加重"的怀疑，进一步确认了两伤复合后可能"反常地"产生"减轻效应"，并初步发现了烧伤后产生的促进肠上皮再生修复的物质因素。

此外，程天民在研究烧冲复合伤时，发现先冲后烧的大鼠的早期肺出血、肺脏超微结构病变、肺血管通透性增加、肺出血水肿等情况均较单纯冲击伤时加重；而先烧后冲的大鼠主要表现为伤后速发死亡减少，存活动物的肺出血程度减轻，肺脏超微结构变化程度减轻。这说明，烧冲复合伤在肺脏病变方面产生的复合效应，会因致伤顺序不同而发生显著的差异。

程天民通过一系列研究，证明复合伤并不是单一伤的简单叠加，可能会因单一伤伤情的轻重程度、致伤的前后次序与时间间隔等因素，在不同病程、不同阶段和不同部位出现不同的临床反应。这种反应是机体与不同致伤因素之间、不同损伤相互之间的复杂作用过程，既可以产生1+1>2的加重效应，也可以产生1+1＝2的不加重效应，甚至还会产生1+1<2直至1+1<1

的减轻效应。

程天民将复合伤的这一非线性变化特点概括为"复合效应"（combined effects），认为"复合效应是复合伤不同于单一伤的最基本特征，是机体遭受两种及两种以上不同致伤因素后所发生的综合反应，包括不同致伤因素之间、不同种类损伤之间以及不同部位损伤之间相互影响的复杂效应"。复合效应表现在不同的层次和不同的方面，包括整体效应、重要的病理过程、重要脏器组织的病理变化、细胞效应及分子水平上的效应等。不同类型复合伤产生的复合效应各不相同，其中存在着损伤与抗损伤、协同叠加与拮抗消减等病理反应的重要理论问题，也存在着比单一伤更为复杂的病理过程与发病机制。因此，研究不同类型复合伤的发病机制，其核心是研究其复合效应的发生规律和机制。

程天民提出的复合效应为我国的复合伤理论研究提供了一个有力的切入口，为复合伤的临床救治开辟了全新而广阔的空间。程天民及其团队在研究不同类型、不同层次、不同阶段复合效应发生和发展规律的过程中，不断深化对复合伤本质及不同类型复合伤发病机制的理论认识，并充分利用多种创伤复合过程中的相互制衡机制，将单一伤的防治手段与复合效应的新特点紧密结合，能动地阻抑、拮抗加重因素，扶持、利用减轻因素，不断探索复合伤救治的新思路和新方法，引领并推动着我国复合伤理论和临床研究持续深入、创新发展。

为了实现最大限度提高生存率、降低致残率的目标，程天民以复合伤致伤的关键环节为基础，进一步探讨到底哪一个环节产生的损伤危害最严重，对生存和救治产生的影响最大、最直接，在更高层次上思考、凝练新的关键科学问题。他将放射医学与创伤医学、烧伤医学、急救医学等结合起来，总结出多类严重创伤救治过程中存在的两大共性难题：早期全身性损害和后期创伤愈合困难。前者是引起早期死亡和最终致死的主要原因，后者是导致伤残的关键要素。所以，降低伤死率的关键是要抓住早期全身性救治，减少伤残则需要促进后期的创伤愈合。

程天民和研究团队在大量研究中发现，复合伤早期的全身性损伤反应更严重。例如，单纯放射伤除非受到的辐射剂量极大，一般很少会有早期休克症状，但放射损伤合并烧伤或创伤后的早期全身反应首先就是休克，早期严重休克也是放烧复合伤或放创复合伤早期直接致死的主因；烧伤合并冲击伤后的早期全身反应，主要是由于有害气体吸入、严重呼吸道烧伤和冲击波直接效应等原因引发的心、脑、肺等大器官损害，尤其以肺脏病变最为突出。肺脏由于含气并有丰富的血管系统，极易受到空气冲击波的损伤，因而被称为冲击波的"靶器官"。最明显的病理早期病变是严重急性肺水肿和肺出血，常常成为迅速致死的主要原因。

此外，复合伤的全身性损害对局部创面的愈合也会造成很大影响。本来，单一创伤的创面愈合就是一个复杂、漫长的过程，在多种创伤复合，特别是合并放射损伤的情况下就会发展成为难愈性创伤。比如在烧冲复合伤条件下，除了发生体表和呼吸道等特殊部位的烧伤外，烧伤创面常常会在冲击波直接和间接的作用下合并发生"飞石伤""挤压伤"，使创面伤情变得更为复杂，并带来更严重的全身影响。尤其在致伤因素特别剧烈、机体组织毁损特别严重的情况下，创面与伤口叠加常会累及血管和神经损害，直接影响修复过程启动，显著减缓愈合速度，明显降低愈合质量。

所以，早期全身性损害和创伤难愈是复合伤救治的两大关键问题。理顺这一基本思路后，程天民和粟永萍分别组织深入研究。粟永萍负责主持早期全身性损害问题研究，通过深入研究由应激紊乱、早期休克、脓毒症，SIRS、MODS以至MOF的级联反应，创用颈交感神经阻滞技术，取得了良好的早期救治效果。程天民负责主持难愈性创伤研究，着重把放射损伤与各类创伤结合起来，重点研究放创复合伤的创伤难愈机制和促愈措施。

创伤愈合是一个复杂的病理生理过程，涉及诸多因素。通俗比喻，愈合过程中的细胞成分是"种子"，多种细胞外基质是"土壤"，多种生长因子是"肥料"。程天民进行总体设计，指导多名研究生分别研究了类细胞（粒细胞、巨噬细胞等）、修复细胞（成纤维细胞、血管内皮细胞等）、多种细胞外基质和生长因子的变化及其之间的关系，阐明了合并放射损伤的创伤难愈机制是"以细胞损伤为关键环节的愈合诸因素失调"，并提出了几种有效促愈措施及其机制，从而系统回答了此类复合伤的创伤为何难愈、如何促愈及何以促愈。此项系列研究获2004年军队科技进步奖一等奖。2015年，此项奖励与解放军总医院付小兵院士主持的一项北京市科技进步奖一等奖，以及多个单位的成果，共同获得2015年度国家科技进步奖一等奖（程天民为第二完成人）。

研究还在进一步深入。考虑到在遭受严重创伤的情况下，机体组织严重毁损，此时很难完全依靠自身细胞进行再生恢复，必须用外源性的细胞参与修复。为此，程天民把干细胞引入到复合伤救治研究中。干细胞具有增殖和分化为其他细胞的潜能，可以在组织再生修复中发挥作用。一般情况下，利用干细胞的基本前提是首先摧毁机体自身的干细胞，之后才能利用自体或异体配对的干细胞进行移植。放射损伤情况下，机体的免疫力受抑，此时利用干细胞，不仅巧妙，而且事半功倍。

程天民指导研究生深入研究干细胞在促进难愈创伤修复方面的作用与机制。比如，将骨髓间充质干细胞（MSC）应用于局部照射合并创伤的小香猪，显著地促进创面愈合；进而又考虑到，合并全身放射损伤时，骨髓受损将会殃及骨髓间充质干细胞，使其无法发挥促愈作用，因此，由研究生史春梦主攻皮肤真皮干细胞的促愈研究。程天民他们在国内率先从皮肤中分离出了真皮多能干细胞（DSC），通过静脉输注真皮多能干细胞，既加速创面愈合，又促进了骨髓造血功能重建，达到了"一种干细胞、多种促愈"的良好效果。

程天民及其团队在干细胞方面的研究和成果，开辟了干细胞在复合伤救治研究中的新领域。由艾国平、史春梦、宗兆文等多位研究生系统研究，阐明了移植的干细胞为何能优势分布于创伤局部、干细胞到达后为什么会发挥促愈作用等重要科学问题，让同行的专家感到十分惊讶和振奋。我国肿瘤医学研究领域专家顾健人院士认为：程天民等人在复合伤救治中利用干细胞的做法非常巧妙，通过干细胞移植可望为治疗不同的复合伤提供新的策略与措施。

程天民的博士研究生史春梦进一步发现哺乳动物的皮肤真皮组织中存在多能干细胞群，提出并初步验证了"皮肤是多种成体干细胞库"的理论假说，开辟了复合伤新的研究领域，丰富了我国复合伤理论研究，为提高复合伤的临床救治水平做出了贡献。2006年，史春梦的博士论文被评为全国优秀博士论文。他开拓了皮肤真皮多能干细胞的研究领域，之后领衔获得了中华医学科技奖一等奖，并被聘为"长江学者"特聘教授等。

出于长期从事防原医学研究的专业关注和敏感，程天民调研了现代几次战争中美军使用贫铀弹所造成的严重伤害和后果，主动请缨，建议在我国开展这方面的研究，被军委、总部指定为该项目的首席专家。他精心谋划设计，多方联系启动，在我国开创了"贫铀弹伤害及其医学防护"的系列研究。他74岁高龄时，还亲自到边远荒漠地区进行现场研究。经研究团队的共同努力，搞清了贫铀弹的四种杀伤因素及其杀伤作用，并研究了防护原则与措施，取得了重要的进展。

程天民及其科研团队，发现并明确了贫铀弹爆炸后产生的四种杀伤因素及其致伤作用：一是贫铀弹击中目标后碎裂的铀片和破甲后的碎钢片形成弹片，再击中人体后会造成弹片伤；二是贫铀弹击中目标时，通常会有10%～34%，有时高达70%的贫铀在高温燃烧下转化为铀微粒，形成放射性气溶胶，可以通过呼吸进入人体造成内照射伤害，还能随风飘散污染环境；三是贫铀弹爆炸燃烧或引燃周边易燃物，将导致烧伤；四是贫铀属于重金属，会造成化学毒性伤害。因此，贫铀弹伤害又是典型的"复合伤"。正如顾健人院士所说："程天民的贡献不仅是在核武器爆炸现场，我认为他是与时俱进的……我曾在他的实验室看到了试验动物的标本，动物被贫铀弹弹片贯穿，损伤是非常触目惊心的。所以，我们一定要研究防护贫铀弹，才能做到有备无患。他在这方面的研究是与时俱进的，对我来说也很震撼！不仅如此，他的研究是贯穿的……他的成就还在于考虑全身机体整体暴露在放射条件下造成的损伤。因此，他的研究不光包括一般的皮肤、内脏方面的损伤，他注重免疫，还有其他全身性的一些变化。从这一点来讲，我非常非常钦佩他，也很有同感。"在此基础上，程天民他们还在贫铀生物效应、医学防护和制定处置原则与措施等方面，做出了新的贡献。

数十年磨一剑

在程天民的不懈努力下，虽然我国先后停止了大气层核试验和地下核试验，第三军医大学的防原医学及复合伤研究却从未间断。程天民当年的敏锐眼光和准确判断使学校在具备多次参加核试验的基础上，以复合伤研究室为依托，培养了一支高水平的防原复合伤科研团队，使防原医学特别是复合伤研究不仅长期地坚持了下来，而且得到系统、深入的拓展。

历经40多年矢志不渝的复合伤研究，程天民为防原医学学科定下的"四重"目标，即成为国家重点学科、成为国家重点实验室、承担重大科研任务、取得重大成果，逐渐实现并得以持续深入发展。复合伤成为第三军医大学军事医学领域的主要研究内容之一，凝聚了程天民全部心血的全军复合伤研究所也成为迄今为止全国乃至国际上唯一的、主要研究复合伤的研究所。从2002到2010年间发表的放射复合伤方面论文数量占国际上该领域论文总数的比例来看，全军复合伤研究所的论文在MEDLINE检索中占41%，在AMBASE检索中占38%，更占据了国内相关领域论文数量的85%以上。由该研究所主编的《复合伤》专著获全国"三个一百"优秀出版物奖。复合伤研究成果获国家科技进步奖一等奖1项、二等奖2项。另外，形成了一支老中青结合、以中青年为主体的优秀科技队伍。现在，程天民所在全军复合伤研究所进行的复合伤研究水平在国内遥遥领先，在国际上也有重大影响力，处于国际先进、部分领先水平，对我国及我军的复合伤研究起到了十分重要的引领作用。曾参加过复合伤研究的王正国院士称，程天民领导的复合伤研究，"在国际上是绝对的第一把手"。多位军委总部领导和院士、专家到全军复合伤研究所视察、参观后，对他们的成就充分肯定。美国创伤学会原主席、国际烧伤学会原主席Pruitt教授称，他们进行了"放射生物学领域的引领性工作（leadership work in the field of radiation biology）"。他们的研究成果在国内外学术会议上也受到了赞誉。

程天民在防原医学、复合伤领域奋战了几十年，由全面研究核武器损伤及其防护，到重点研究复合伤，从研究发病机理到探索防治原则与措施，随着国际军事斗争态势发展，又开启贫铀弹伤害及其医学防护研究。他和团队的现场研究都是在荒无人烟的荒漠地区进行的，艰苦卓绝，但他无怨无悔，为的是铸造医学核盾、卫国利剑。数十年磨卫国安邦之剑，程天民赋诗抒发情怀：

> 戈壁战友分外亲，西出阳关有故人。
> 马兰花开迎春雷，孔雀河畔献青春。
> 雷声虽已远离去，号角催我又远征。
> 大漠黄沙磨利剑，卫国安邦斩长鲸。
> （引李白诗意"安得倚天剑，跨海斩长鲸"）

四、创建军事预防医学新学科

程天民不仅是我国防原医学的主要开拓者之一,更一手创建了新学科——军事预防医学,极大地推动了我军预防医学卫生防疫事业的发展和人才的培养。

1996年1月,国务院学位委员会召开第六次学科评议组委员会议。在这次会议上,根据国务院学位委员会的要求,除了审定学位授予权外,还把提高研究生特别是博士研究生的培养质量,克服知识面偏窄、"博坏博"等问题,作为重要的讨论议题。

程天民在培养研究生的实践中,深切体会到研究生通过3年攻读,对某一领域研究较深,但知识面不够宽广。因此,程天民和与会专家在讨论后认为:导致研究生培养这一状况一个很重要的原因,就是原来的部分二级学科划分过细,学科专业面太窄,从而使研究生的知识结构、能力结构不够合理,一方面限制了研究生的知识学习和能力培养,另一方面也影响了他们毕业后的工作适应能力和长远发展。在那次会上,国务院学位委员会提出:按照科学、规范、拓宽的原则调整修订学科专业目录,逐步理顺、规范一级学科,归并、拓宽二级学科。通过适当扩大学科覆盖面、调整优化学科专业结构,帮助研究生形成广博的知识结构和开拓的研究视野,提高研究生培养质量。

程天民感到,此次学科专业目录调整将是整合预防医学专业十分难得的契机。作为公共卫生与预防医学评议组成员和召集人之一,他一直十分关注预防医学的学科建设问题。早在1983年,程天民担任第三军医大学卫生防疫系主任时,就在全军编制未下达的情况下，把军队卫生学分设为环境卫生、营养卫生和劳动卫生3个专业组，并分别"改组为室"，在军医大学中率先成立起独立的环境卫生学、营养卫生学和劳动卫生学教研室，促进了3个学科的发展。在此期间，程天民还积极向军委总部申请培养预防医学专业本科生。1984年，第三军医大学成为全军首个招收培养预防医学专业本科生的单位。

然而，从培养研究生的角度和学科的融合式发展出发，程天民着重分析了公共卫生与预防医学一级学科下13个二级学科的情况。他发现，环境卫生学、劳动卫生与职业病学、营养与食品卫生学、防原医学、防化医学、防生物危害医学6个学科，虽然在专业目录上是独立的二级学科，但在军队的实际运行过程中，这6个学科之间存在着相互涵盖的情况和不可割裂的联系。

首先，劳动卫生、环境卫生、营养与食品卫生3个学科，尽管各有其专业内容，但三者密切相关。例如，劳动总是在一定环境中进行的，营养对劳动会产生直接或间接的影响。三者所实施的卫生保障对象也是统一的，即从不同方面，一致地、集中地对军队成员实施卫生保障。其次，防原医学、防化医学、防生物危害医学所防护的武器伤害具有不同性质，各有相应的专业内容，而核、化、生武器又统称为"特种武器"，现代战争的主要模式是核、化、生威慑下的高技术局部战争，在未来变幻莫测的复杂战争形势下，特种武器的使用可能不限其一。因而，在规划总体医学防护战略和具体应用上，常常统一考虑对付三者的威慑，专业技术人员只有在综合掌握核、化、生武器的医学防护情况下，才能更全面、更主动地完成卫勤保障任务。最后，从学科发展和人才培养的最终目标来看，这几个学科虽然相对独立，可它们的根本目标都直指战争条件下的卫勤保障和卫生预防。如果能在一个大学科统领下把各个学科有机地联系起来，既能在各个学科继续独立发展的基础上，促进多学科之间的渗透和多层次研究的结合，又能通过相互联结交融，拓宽人才培养的专业口径，这将会更有利于学科发展和人才成长，更好地满足卫勤保障的多样化需要。作为研究生个人来讲，也更有利于适应今后不同岗位的需求，具有更宽广的发展空间。

经过认真思考，程天民认为，随着科技和社会的进步，学科的发展有分有合，但更多地趋向综合、多学科的相互渗透，这也是实现研究生"博与深"统一的必由之路。预防医学的各个学科独立发展到一定程度之后，围绕新时期的任务目标进行重新整合，将能在科研和人才培养上发挥出更大的集成效应。为此，程天民和公共卫生与预防医学学科评议组另一召集人商定，提出将原来军队卫生学（劳动卫生、环境卫生、营养与食品卫生）和"三防"医学（防原医学、防化医学、防生物危害医学）6个学科的内容进行有机整合及拓展，组建成军事预防医学，并以此作为新的二级学科。

组建新学科的创议提出后，得到了公共卫生与预防医学评议组专家的一致赞同。程天民亲自撰写了建议书，阐明了新学科创建的目的和具体的建设方向。建议书以公共卫生与预防医学学科评议组的名义，正式上报国务院学位委员会和国家教委。1997年6月，国务院学位委员会正式批准设立军事预防医学这个新学科，纳入国家学科专业目录，使之成为公共卫生与预防医学一级学科下新的二级学科，学科编号为100406。从1998年起，全军各相关研究生培养单位即开始按军事预防医学新学科招收培养研究生。这样，军事预防医学这个新学科正式确立了。

新学科获批之后，程天民接着考虑的是这门学科该怎么建。毕竟在专业目录中设立学科只是明确了新学科的合法地位，要真正确立起来一门学科，还必须进一步确定学科概念，并对学科的内容体系进行科学、实际的规划设计。此时，军事预防医学下属的各个学科都有各自的学科架构，但它本身作为一门新组建的学科，军事预防医学的基本学科概念、主要任务和内容体系等都还没有明确。因此，在程天民的倡议下，1997年9月，第三军医大学筹办了全国、全军首次军事预防医学新学科研讨会，邀请总后勤部有关部门领导、军事医学科学院和4所军医大学的29位专家教授，共同研讨军事预防医学新学科的建设问题。

在研讨会上，程天民作为新学科的创设者，首先提出了自己对军事预防医学学科的认识。他认为，第一，军事预防医学不同于一般预防医学，而是通过预防医学的理论和手段，来研究军事活动条件下军队特殊人群的特殊预防医学问题，因而在学科定义上，要突出军事性质及军事目的，体现出该学科自身的特殊性、针对性、实践性。第二，军事预防医学虽然是二级学科，但它涵盖了多个学科的内容，因此，它又是一个学科群。军事预防医学新学科的设立，并不取消或完全替代原来的"三防"医学和军队卫生学等学科，而是将这些学科的内容在更高层次上综合、提升，形成涵盖面更广、应用性更强的新学科体系，所以，将更有利于学科的综合发展，也有利于人才的培养和成长。第三，在军事预防医学专业研究生培养上，程天民提出，在以军事预防医学作为学科专业课程，使研究生学习、掌握更宽广的知识基础上，要注重指导研究生的课题研究向某一学科、某一领域或某一问题集中或聚焦，以利于广博和精深的结合与统一。

程天民进一步提出，没有专门教材的学科是不完善的，军事预防医学应当要有本学科的专业教材和参考书，因此建议组织全军力量，编写一部军事预防医学的专门教材或参考书，并提出了编写纲目的初步设想。

程天民对军事预防医学新学科的设计，得到了与会领导和专家的认可与支持。大家一致认为，设立这一学科是有依据的、必要的、重要的，并在此基础上，深入讨论了这一学科的任务、性质、概念和业务范畴。会后，教材编写工作在程天民的主持下紧锣密鼓地展开了。

新教材的编写工作十分严谨，毕竟军事预防医学下属的各个学科都已经有比较完整的学科体系，但如果不能突出"军事预防医学"这个核心主题和特点，各个章节的撰写就容易陷入"各自为政"，整部教材也容易成为下属各学科内容的资料汇编。为此，程天民特别强调，军事预防医学不同于一般的预防医学。在非军事活动条件下，军队成员发生的伤病与人民群众发生的伤病并无多大差异，而在军事活动条件下发生的伤病却具有"军事"的性质和意义，具有军事医学和预防医学相结合的内涵与特色。所以，军事预防医学既源自各分支学科，又在这些学科的基础上更具宏观性、综合性、指导性，更突出军事性质与军事目的的特殊性、针对性和实践性；要同时以军事医学和预防医学作为这门学科共同的、综合的基础，在更高层次上，还要以军事科学、生命科学、环境科学和社会科学作为自己的基础，努力实现军事医学与预防医学的结合，使预防医学更有军事的性质，使军事医学更含预防的内容，实现源自专科、高于专科的目标。

程天民亲自担任这部教材的主编，他邀请了军内相关领域的40多位权威专家编写相应章节内容，并且请各章节的编著者先列出详细的章节编写提纲，全部汇总之后，经过系统规划和反复讨论，最后形成一个主题和特点比较突出的编写纲目之后，才开始分别动笔。程天民坚持每章每节的重点内容都亲自审定，整个编写过程非常辛苦。而且，由于双眼患有晚期青光眼，程天民用眼受到极大限制，但他一直借助放大镜，坚持完成了作为主编的重任。

1999年初夏，由程天民牵头的编写组各位专家对新教材文稿进行了最后的会审。程天民考虑到军事预防医学作为一门新学科，学科所有的建设工作都是刚刚起步，决定把该学科的第一部专门教材定名为"概论"。1999年11月，我国军事预防医学的奠基性专著和参考书——《军事预防医学概论》由人民军医出版社出版。这意味着军事预防医学正式有了本学科的奠基性教材和教学内容的依据，不久即被评为全国研究生推荐用书。各研究生培养单位在军事预防医学专业课程设置上，除了保留原有各个学科的相关课程外，还以此为教材专门开设了一门军事预防医学课。自此，在程天民和有关专家的努力下，完成了在军事预防医学专业领域"创建新学科、编著新教材、开设新课程"的教学改革系统工程，军事预防医学学科体系全面建立起来了。

2006年，是军事预防医学学科创建10周年。程天民在《军事预防医学概论》的基础上，结合10年间的军事预防医学教学实践，又主编出版了《军事预防医学》。这部共10篇78章246万字的大部头专著，不仅在内容上较之前有了很大的深化、拓展，而且突出了现代科技发展和新军事变革对军事预防医学的影响，进一步结合军队现代化建设和军事斗争卫勤准备需求，丰富、完善了军事预防医学的学科体系。2007年12月，《军事预防医学》获得了第六届中国人民解放军图书奖；2008年12月，在全国近千部图书参评的情况下，被评为第二届中华优秀出版物图书奖。该奖是与"五个一工程"奖、中国出版政府奖并列的中国出版界三大奖项之一。据人民军医出版社介绍，它是2008年入选的50部图书中仅有的5部医学类书籍之一，充分证明了军事预防医学学术研究的水平和质量，也标志着程天民亲自创建的军事预防医学学科真正地走向成熟。

《军事预防医学》经几年使用和实践，需要再版。总后卫生部、编委会和出版社决定新版冠以程天民的名字，以彰显他对创建和发展此学科的贡献。由程天民为名誉主编，曹佳、曹务春和粟永萍为主编的《程天民军事预防医学》又于2014年10月出版。

在军事预防医学学科创建之前，与军事预防医学相关的学科中，全军能够招收培养博士生的专业只有4个，分别是军事医学科学院的流行病学、第二军医大学的军队卫生学和第三、第四军医大学的防原医学，招生数量十分有限。自军事预防医学成为二级学科并拥有博士学位授予权后，根据国务院学位委员会办公室的政策规定，其下属的6个分支学科的所有专业都能够招收博士研究生。全军的军事预防医学学科博士点由原来的4个一下子增加到了14个。学科专业覆盖面明显增加，招收博士生的数量也得到显著提高，军队预防医学专业高层次人才培养实现了质的飞跃。

按一定时期内的前后对比，从1998年到2004年的7年里，全军共招收培养军事预防医学专业硕士生231名、博士生129名、博士后25名，比设立新学科以前的1991年至1997年分别增加103%、148%和730%；军队专业师资和科研队伍的学历、知识结构得到明显改善，预防医学研究水平和卫生防疫质量显著提高，并为军队建设疾病预防控制中心（CDC）、满足国家及军队的疾控需求、应对突发事件等方面提供了重要的高级专业人才资源。

在军事预防医学二级学科的统领下，拓宽了学科专业口径，扩展了研究生的知识面和专业视野，增强了毕业生从事科研工作的适应能力，显著提高了研究生的培养质量。从1998年到2004年，有40余名军事预防医学专业的硕士、博士研究生留在第三军医大学工作；第三军医大学的预防医学领域从2000年到2004年，获得3项重大成果奖——国家科技进步奖一、二等奖和军队科技进步奖一等奖，主要完成人共有23名，其中军事预防医学专业的在读和毕业研究生16人，占完成人总数的69.5%，成为科研攻关的主力；毕业后分配到军内各卫生单位的研究生，也受到各大军区、各军兵种等用人单位的普遍欢迎。据不完全统计，目前全军及各战区、各军兵种的疾控中心和防疫大队的中高级专业技术干部中，60%～70%都是第三军医大学军事预防医学专业的毕业生。

新学科的建立还极大地促进了学校预防医学系的学科建设。第三军医大学在1978年就成立了卫生防疫系，1993年改为预防医学系，是全军最早的卫生防疫系和预防医学系。当时的预防医学系还没有公共卫生与预防医学一级学科的学位授予权，在军事预防医学二级学科建立后，其覆盖下的学科专业都能招收博士生，预防医学系的博士点数量一下子增加了5个，但仍有两个平行的二级学科——军事流行病学与卫生统计学和卫生毒理学不具有博士授予权。

程天民考虑，如果要为这两个二级学科单独申报博士点是很困难的，既然预防医学系的博士点数量已经不少，何不在此基础上直接申请公共卫生与预防医学一级学科的博士学位授予资格？根据国务院学位委员会"按一级学科行使博士学位授予权审核"的政策，只要能争取到一级学科，其覆盖下的所有学科都能够具有博士授予权，整个预防医学系的学科就能一下全带起来。2000年，已逾古稀的程天民再次参与到一级学科的申报筹备工作中，与自己的学生、预防医学系毒理教研室主任曹佳一起准备申报材料。

程天民在以往的学科评审中发现，有些地方专家对部队院校不太了解，他们主观上认为军医大学的任务主要是服务基层部队，做的研究会比较表浅，科研条件也不会好到哪里去。为化解这些评审专家的偏见和误解，程天民利用博士毕业答辩的机会邀请了部分地方专家到第三军医大学参观，并且向他们介绍了学校，尤其是预防医学系的教学科研和整体建设情况。一位教授在参观后感慨道：原先没到你们军医大学来看过，不知道是个什么情况，这次看了之后感受很深。一个是你们的仪器设备条件是我们地方公共卫生学院比不了的，你们的条件确实好。另一个是你们有这么一批优秀的中青年学科带头人在岗位上工作，这也是我们比不了的。而且，这批带头人很多都有出国经历，手上课题多，还有二十几个博士在一线工作。所以，这次参观在很大程度上改变了地方专家们对军医大学的固有观念和看法，也让程天民对申报一级学科更有信心。

经过充分的准备，程天民和曹佳一起到北京参加答辩。当时还有很多地方同类院校申报这个一级学科，竞争相当激烈。三医大跟其中一些地方医科院校，特别是老名牌院校相比而言，发展历史相对短些，公共卫生与预防医学主干学科某些方面的实力相对弱些，但是，几年来学校预防医学的发展势头和后劲得到了评审专家的认可，而且军事预防医学鲜明的军事特色也是其他院校不可比拟的。最终，三医大以2/3的票数战胜了6个地方对手，获得了一级学科授予权。2001年1月，三医大正式获批拥有公共卫生与预防医学博士学位授予权一级学科，成为全军首个取得该一级学科博士授予权的单位。此时，学校预防医学系的所有学科专业都具备了博士学位授予权，给整个预防医学学科建设注入了新的强心剂。

三医大预防医学中的防原医学是首批国家重点学科之一，组建军事预防医学学科后，也以新学科申报和争取国家重点学科。由于名额有限、竞争太激烈，一些地方院校的公共卫生学院私下串联，准备以军事院校应该单独评审为由，联手排挤第三军医大学。程天民得知这一情况后非常着急，立即与曹佳商量，决定做工作扭转这种局面。程天民不顾自己严重的青光眼疾，连夜给所有15位评委每人写了一封长达两页半的亲笔信。程天民在信中从军事预防医学对国家安全的重要性，到第三军医大学军事预防医学为国家和军队卫生防疫工作所做出的贡献，一一道来，动之以情、晓之以理。他的这15封信坚持不打印，全部自己亲自手写，深深地打动了评委们，也让他们从不大了解军事预防医学，到承认和尊重第三军医大学军事预防医学的学术地位和贡献，从存有私心到出于公心地客观评价。最后，第三军医大学的军事预防医学以平均91.3分的最高分顺利通过评审。继防原医学于1989年被评审通过为首批国家重点学科以后，新组建的军事预防医学学科于2002年4月2日又被教育部批准为全国重点学科，并在不久之后成为军队"2110工程"重点建设学科。

不断发展壮大的学科实力，带来了军事预防医学发展新的生命力。2004年，学校军事预防医学学科主系列中的博士、硕士比例由1997年的35.2%，增至88.4%；程天民主持建设的核、化学武器伤害防治学在教育部首次评选军队院校精品课程中脱颖而出，被评为全军院校首批国家级精品课程（首批只批准了15门课程，其中总后勤部所属院校2门，程天民主持的这门课程就是其中之一），预防医学系成为总后勤部优秀人才科研工作站。2003年7月，经学校批准，预防医学系正式更名为军事预防医学院，有力地促进了军事预防医学整体水平新的跃升。2005年，程天民主持研究的"军事预防医学新学科的创建与教学实践"获得了国家级教学成果二等奖。

正如巴德年院士所言："程天民院士是我国军事预防医学学科的开创者，他对这个学科的建设、教材的建设、人才的培养等方面做出了很大贡献，是我们国家这个学科特别好的带头人。"军事预防医学这个年轻的新学科在程天民手上诞生，在他的精心呵护下茁壮成长，并将继续为军队预防医学和卫生防疫事业发挥更加积极的作用及影响。

五、科技思牵重任，人文引发激情

纵观程天民的学术历程，不可否认，特定的时代背景、现实需求和专业领域，为程天民的学术成长与成就取得提供了难得的机遇和肥沃的土壤。然而，机遇总是给有准备的人，外因只能通过内因起作用，并不是所有的人都能像程天民那样，在防原医学白手起家时期，无怨无悔地放弃已经比较成熟的专业方向，开始筚路蓝缕的艰难创业。而且，在物欲横流的时代，程天民仍旧坚守在相对清冷的防原医学领域，在备受争议的情况下，矢志不渝地坚持并发展复合伤研究；在别人遇到困难而中途放弃时，他能够推动研究的拓展深化，并且不断开辟新领域，引领复合伤研究前沿。这些都说明一切事物必先形于内而显于外，程天民之所以能够取得丰硕的学术成就，归根结底源于他自身的学术修养和治学思维。

程天民认为，作为一名科技工作者，做学问要先做人，治学要先修身，以修身指导治学；修身要体现于治学，以治学促进修身。正是源于内在对治学与修身的深刻认识，他把个人志趣融入国家、军队的需要和对科学的追求之中，确立了正确的科研动力和方向，明确地回答了为什么做科研、做什么科研、怎样做科研等一系列科学研究的根本问题；在长期艰苦的科研实践中，逐步形成了辩证、创新的科研思维，培树了坚忍不拔、不断进取的科学精神；在对复合伤研究的执着坚守和不懈探索中，开辟了防原医学研究的新天地。因此，正确处理治学与修身的关系是程天民实现学术发展的关键要素，让他在主动促进治学与修身相融的过程中，成就了一番有益于国家、有益于人民、有益于科学、无愧于自己的壮丽事业。

抱持着这样的想法，程天民将个人的志趣抱负融合于国家、军队需求和对科学的追求之中。自1949年参军入伍开始，程天民的人生就与军队和国防卫生事业紧密相连。作为军人，他以服从命令为天职，以国家和军队的需求作为科研的使命；作为科学家，他对科学事业一直怀有执着的志向抱负和深邃的探索精神。因而，程天民自觉、主动地将个人的志趣抱负与国家、军队的需求及对科学的追求融合在一起，将"情系祖国需求、献身军事医学"的使命责任与"攀登科学高峰、探索未知世界"的学术追求融合在一起，为其学术成长之路注入了强大而持久的激励力量。

程天民原本的专业是病理学，1964年，他晋升为当时国内最年轻的病理学副教授之一。为我国首次原子弹爆炸成功所激发，他主动请缨参加核试验。面对美苏垄断、苏联撕毁协议，"自力更生，奋发图强"成为他和其他参试人员的精神支柱。在参加核试验的过程中，程天民目睹了核爆炸带来的惨烈景象。核武器的强大杀伤作用让他受到了强烈的震撼，深刻认识到核武器的医学防护研究对国家安危具有特殊的重要意义。一种"不研究如何防护、救治怎么得了"的无形责任感，促使他下定决心转向研究防原医学，克服了戈壁滩的艰苦条件和种种风险，全身心投入到刚刚起步的防原医学研究中。

当时，国内的防原医学研究处于初创时期，对核武器损伤及防护诸多方面的认识还很肤浅以致空白。程天民如同所有具有科学精神的研究者一样，把攀登科学高峰、探索神秘的未知世界作为自己执着追求的科学目标。所以，防原医学领域一系列复杂的、未知的、需要深入探索研究的实际科学问题，以及防护、救治核武器损伤的客观需求，不仅没让程天民望而却步，反而激发起他从零开始、深入钻研的浓厚兴趣。

现场参试的珍贵研究机会，也对程天民研究防原医学产生了强大的牵引作用。我国核试验的次数虽然远远少于美苏两国，但包括了不同当量和不同的爆炸方式，较全面地反映了不同情况下核武器的杀伤破坏作用，能够最大可能地进行动物效应试验，获取全面的病理标本和数据资料；而且，核试验现场的环境是真实的、独有的、实验室无法完全模拟的。这些丰富的研究资源和条件对程天民充满了诱惑与吸引力，让他对防原医学产生了强烈的探索欲望和由衷的热爱。

为此，程天民倍加珍惜每次参试的机会。15年间在核试验现场摸爬滚打、艰苦异常，他却甘之如饴、全情忘我地投入到研究工作中。程天民肩负的使命责任与炽热的科学追求融合在一起，成为他自始至终坚守在防原医学领域、不断追求创新进取的强大精神支柱和不竭的动力源泉。

科学追求真，文学追求善，艺术追求美。科学技术和人文艺术既是不同领域，又息息相通，在更高层次上是统一、同源的。几十年间，从最初受到家乡氛围影响学习人文艺术，到走上工作岗位后逐步把具体的艺术技巧用于教学和科研工作中，再逐渐从思维和情操的更高层次指导业务实践，程天民将人文的底蕴与情怀融入了学术成长的每一步，自觉地在艺术修养基础上促进科技与人文的结合，使他的学术发展与个人成长具有了高尚的情操境界和深邃的智慧基础。

正如顾健人院士对程天民的评价："程天民是一位非常难得的、科学家队伍中的艺术家，而且是优秀的艺术家……科学的最高境界是state of the art，达到艺术境界是科学的最高境界。科学和艺术是相通的，艺术属于人文科学，这里面有哲学思想。一位优秀、出色的科学家，必须是由哲学思想指导的，哲学和人文是分不开的。所以，程天民能在科学上取得那么大成就，与他的文学、艺术修养是分不开的。"

程天民的事业发展始终与军事医学、军医大学联系在一起。从青春到华发，程天民几十年来投身防原医学研究，在艰苦的核试验现场摸爬滚打。虽然"茫茫戈壁，荒无人烟，黄沙漫天，何美可恋"，但作为科技工作者，程天民肩负着独立自主发展我国防原医学事业的科研重任，而军人的使命豪情和艰苦奋斗的传统精神更点燃了他内在的激情。正是科技思牵重任（建立和发展我国的防原医学）、人文引发激情（切盼祖国强大，驰骋戈壁大漠），让程天民能够将个人的志趣、抱负融合于国家与人民的需要之中，融合到我们国家打破核垄断、发展核武器、发展防原医学这样宏伟的事业中。这种责任与激情融合产生的动力，激发了程天民对防原医学事业的由衷热爱和执着追求，形成了他战胜困难、刻苦钻研、发展事业的持久动力。

第|五|章

池雨润翰墨，
砺练后来人

一、青年教师的成长和担当

　　程天民半个多世纪来工作的主线就是教学与科研。他作为一名军医大学的教师，既能教，又能研，而更重要的在于能动地、有效地、有机地、创新地将两者结合，实现相辅相成，促进专业发展和个人成长。这一切，都在于他脚踏实地地从基础学科——病理学出发，一路摸爬滚打。或者可以这样讲：他从病理学出发，建立了自身从事教学、科研的基础，形成了自身教学、科研思维的特点，树立了延续一生的良好师德。

　　20世纪50年代初，刚走上工作岗位的程天民对如何开展教学毫无头绪。他觉得自己的病理学基础也只有在大学二年级时学的一百几十个课时而已，要给学生讲病理学课还真没有什么底气。程天民原本打算先好好跟科里的老教师学习一下怎么讲课再说，但没想到的是教师实在太少了，报到第一天，病理系的晏良遂主任就安排他单独带一个班的全部病理教学和实习课。这对一个刚5年结业的实习助教来说是不小的挑战，但是，年轻的程天民心里有一个简单的想法：当医生要一切为了伤病员，教学生就要树立一切为了学生的思想，也一定得自己真正搞懂了才能教学生。

　　在当年和随后的几年中，他作为一名青年教师，刻苦学习，勇于担当，在教师岗位上逐渐成长。为了加深对病理学理论知识的理解和整体把握，程天民把以前的病理学教材一一翻出来，从头到尾扎扎实实地学了一遍；他还一点点梳理回忆以前病理学老师是如何教学的，把听别人讲课时好的表达方法都记下来，再根据自己的理解和学生的特点不断丰富、完善讲课技巧。有时为了设计一个合适的表达方法，程天民辗转反侧、夜不成眠。所有讲稿写出来之后，他一定要反复地自我试讲，感觉有不顺当的地方，就不厌其烦地再构思和修改，直到自己满意了再到教研室试讲，请其他老师帮忙提意见。

每次讲完一堂课后，程天民都会趁着印象新鲜，及时记下这堂课的成功之处和存在的问题。为了写好板书，他除了在讲稿本上设计好板书图，还一有空就在教室的黑板上练习粉笔字，写出不同大小的字体，再跑到教室后排去看看，到底多大的字能让最后一排的学生也看清楚。程天民经过摸索和努力，一段时间后，他不仅能够把一堂堂病理学课顺利地讲下来，板书也写得又快又好。

然而，每天下午的病理学实习课让程天民这个年轻助教有点难以招架。一次实习课至少有四五十个学生，当年的学生也没有别的病理学图片参考书，每次在显微镜下观察病理切片时，总是会很不放心地问他："老师帮我看看是不是这个细胞？是不是这种变化？"只有等程天民过来看了并确定是这样的，学生们才会放心。所以，程天民每次上实习课除了讲解之外，还要在教室里来来回回逐一指导四五十个学生观察、识别病理变化，就这样一节课忙下来，还是有很多学生没被照顾到。后来，程天民开始挑

作为初出茅庐的病理学实习助教，程天民在指导学生实习

选学习比较好的学生当"小先生"，帮助自己指导实习课。他利用中午的休息时间，先带"小先生"们看病理切片，教他们识别各种病理变化；下午上实习课的时候，同学们有问题就可以问这些"小先生"了，这种教法让学生们都很满意。

担任实习助教的这段时间里，程天民每天的时间都安排得满满当当，基本上就是晚上备课、上午上课、中午指导"小先生"、下午实习。他的努力得到了学生和教研室的认可。

第七军医大学在20世纪50年代主要招收培养来自部队的干部学员，程天民被分配负责对这些干部学员的病理学教学。这批干部学员来自全军各部队，不少学员的年纪都比程天民大，而且经历非常丰富。为此，程天民先到学员宿舍找到队干部和课代表，向他们了解学员的文化程度及之前的学习和工作情况。程天民考虑到这批学员的文化底子比较薄，通过征求同学们对病理学课的学习要求，把之前制定的教学计划和进度安排反复修改，对课前的开场白和课后的总结也一丝不苟地精心准备，并且用简陋的材料做成简单的模型，尽可能形象生动地帮助大家理解教学内容。

程天民还特别注意结合干部学员之前的工作经验来讲课。在讲"战伤"这一课时，他因为没有参加战争的经历，就专门找到有战斗经验的同学收集材料，再结合病理学理论在课堂上加以讲解。同学们一致反映："程教员讲课熟练，有准备，不浪费一点时间"，"讲课简要明了容易懂"。

每一阶段的学习结束后，程天民为学生做总复习，总结这一阶段的课程内容；学生考卷中出现的问题，他也会一一归纳出来，然后在课堂上重新讲解；每次考试结束后，程天民还会及时将全班的总评成绩绘制成曲线图，讲解学习的进步和存在的问题，督促和鼓励大家学习。由程天民负责的第一期干部学员病理学成绩，总评达到了89.8分。

由于病理解剖学是一门以形态学为主的基础学科，需要让学生观察到疾病时不同脏器、组织、细胞发生了哪些变化，以此来理解疾病的发生、发展和具体疾病的特征。但是，那时不要说彩色的病理照片，就连清晰的黑白图片都没有。为了提高教学质量，程天民自己动手设计绘制了一本《病理解剖学图谱》。他运用自己的病理学知识和卓越的绘画技能，参考其他病理画册和实际样本，先把各种疾病的器官病变形态分别画下来，再对着显微镜，用病理切片的染料伊红和苏木青逼真地把细微的病理变化也描绘下来，最后形成了一本比较完整的病理学图谱。程天民手绘的这本彩色的《病理解剖学图谱》不仅色彩丰富，而且包括了整体和局部、宏观和微观的各种病理形态，让很多届学生都从中受益，收到了很好的教学效果。

经过在教学岗位上的探索、实践，程天民不仅掌握了系统的病理学理论知识，对于备课、上课、指导实验等教学方法也开始有了自己的切身感受。更重要的是，在这个过程中，他已经逐渐褪去学生的青涩，开始认识到自己应时刻都把学生放在心上，担当起一名青年教师应负的责任。

二、永志不忘三位恩师的教诲

已80多岁的程天民，谈及指导他的诸多老师，特别是晏良遂、梁伯强和杨简三位恩师，犹深切缅怀，永志不忘。

晏良遂（1909~1996），是我国著名的病理学家，第三军医大学病理学教研室主任。程天民被分配留校任教后，就在他的领导下工作。晏良遂最大的特点和优点是刻苦钻研、深入观察、严谨治学。他擅长从病理切片中观察、发现新的病理现象，阐明发病机制。他经常面对一张病理切片，一看就是几个小时，以至废寝忘食。由此，他发现和命名了"恶性嗜酸性细胞增多症"，发现了山羊实验性脑炎的"血管树"病变，并推论病毒在脑组织内沿血管播散。当时程天民作为年轻教师，为了使晏良遂集中精力搞科研，主动分担了许多事务性工作。晏良遂任全军病理学专业组组长时，程天民任秘书，将专业组的工作、学术会议安排，会议学术总结等一一起草、准备妥当，深得晏良遂的信赖。程天民虚心、用心地向晏良遂学习，学习他"坐定冷板凳，盯着显微镜"的功夫，学习他全神贯注、观察入微的钻劲，学习他撰写科研论文时逐句逐字、反复推敲的严谨。程天民在研究骨髓巨核细胞被噬现象时，把体大的巨噬细胞和体小的中性粒细胞的关系，写为中性粒细胞"吞噬"巨核细胞。请晏良遂审阅时，他把"吞噬"改为"噬食"，一个字即突出了小细胞噬食大细胞（小吃大）的病理特征。对这一字之改，程天民终生未忘。晏良遂与程天民之间产生了深厚的师生情谊，晏良遂不管大事、小事、家事，都要找程天民。程天民当第三军医大学校长时，晏良遂还常一个电话打来："老程，到我家里来一趟。"1989年，晏良遂80华诞时，程天民专门刻了一方"良遂八十大寿"的纪念印章。晏良遂喜出望外，称这是他收到的"最有意义的礼物"。

1989 年，
程天民为晏良遂
篆刻的印章

　　梁伯强（1899~1968），是我国负有盛名的病理学家、中国科学院院士、中国病理学的奠基人之一。新中国成立后，亟须培养各方面的师资。卫生部选定并委托广州的中山大学医学院病理学研究所主办全国病理学高级和中级师资班，正是因为中山大学医学院有笃学、敬业、负有盛名的梁伯强教授。程天民在当了一年病理学实习助教以后，有幸被派赴全国第一期病理学高

原第六军医大学病理学科部分老同志合影，左三为晏良遂，右一
为程天民

级师资班进修学习。该班共12名学生，来自全国多所高校，从部
队来的就他一人。梁伯强对这个班付出了巨大的心血和精力，他
尽管担负繁忙的行政工作、社会活动，还坚持亲自为学生授课，
从正常组织结构讲到病理变化，从病理变化联系临床诊治，环环
紧扣，步步深入。他还亲自带实习课，指导学生如何将一张病理
切片从眼观到镜下、从低倍到高倍、从组织结构到细胞变化、从
病理变化联系发病机制，大大提高了学生的观察能力。梁伯强特
别重视病理尸体解剖，他跑遍广州市多所医院争取尸检，找到了
以收治无主病人为主的"方便医院"。该院重病人多、死亡病人
多，大多无主，便于进行尸检。他亲自带领每一名学员做尸检，
从念读临床病历开始，而后做全面体表观察，熟悉解剖的各个步
骤，切取剖检各个脏器，从各脏器表面和切面观察病变，识别病
变并做出病理诊断，然后按发病先后，列出剖检所见的各种病理
诊断，分析其间发生、发展的关系，最后做出主要死亡原因的结
论。梁伯强要求对剖检所见进行规范化的记录，待标本固定后还

　　1952 年 8 月，全国第一期病理学高级师资班学员与老师合影。前排左四为梁伯强，左三为杨简，左一为程天民。

　　1999 年 11 月，程天民赴中山医科大学参加梁伯强诞辰 100 周年纪念会

要复查，让学生边复查病变，边口述记录，检查记录是否完整、描述是否确切。尸检的取材、固定和制作组织切片，全由学生亲自动手，这要从洗瓶子、磨切片刀开始。梁伯强要求玻瓶一尘不染，不污染所配染料，并要求把切片刀放在显微镜下检查有没有缺口。他对实验室的各项工作、操作步骤、各种物品，即使像火柴等小物件所放位置，都有严格规定。师资班每个学员要主做20例尸检，并观看其他学员所做的尸检。通过上述一系列学习，程天民步入病理学领域才一年就受到系统的、正规的、严格的训练，为投身病理学打下了坚实的基础。真是受教一年，受益终身。

作为班上唯一的解放军学员，梁伯强要程天民担任师资班副班长兼管政治学习。时值新中国成立初期，各种新事物多。程天民结合师资班的任务，认真地组织了很有特色和成效的政治学习。程天民在师资班各方面的良好表现，给人们留下了深刻的印

1999年，梁伯强的学生——钟世镇院士（左一）、姚开泰院士（左二）、程天民院士（右二）、甄永苏院士（右一），与师母余绍娥合影

象。两年后参加第三期师资班的顾健人院士都知道，首期师资班里有一个非常优秀的学员——程天民。1999年11月4日，中山医科大学举行梁伯强教授诞辰100周年纪念会。当程天民看望85岁高龄的梁伯强夫人余绍娥师母时，余师母一见他就高兴地叫"解放军"。时隔半个世纪，老人依然记得当年的这名解放军学员！

杨简（1911~1981），当年同在中山大学医学院病理学研究所执教。他那深厚的病理学造诣，扎实的病理检验和诊断功底，干练、高效的工作能力，使学员们深深钦佩。他主要负责指导病理检验的学习。每天数十至上百例的病理检验，先经学员做出初步诊断，而后由他一一复检确诊，并讲清诊断特别是鉴别诊断的依据，使学员在仅仅一年的有限时间里还学到了怎样进行病理检验诊断工作。杨简教授后来调到北京的中国医学科学院基础医学研究所工作。"文化大革命"期间，该所下放，迁至四川简阳，程天民特地去简阳拜望杨简。杨简十分高兴地带他参观自己的食道癌实验动物，并一定要他到家里吃饭，用保存的仅有一块腊肉招待程天民。程天民见杨简住房十分狭小、简陋，十分心酸，也非常感动。杨简教授在北京病逝时，他的学生们无不万分悲痛。

三、矢志教育，潜心教学

作为"全国优秀教师"和总后勤部"一代名师"，程天民在教学战线倾尽全力，立足三尺讲台施展才华，悉心进行教育教学研究，对所从事的病理学、防原医学和军事预防医学等课程的整体，从教学实践到教学改革，再到形成教学理念，都投入大量心血，并树立了独树一帜的教学风格。

讲好每一堂课的三个法宝

1956年，程天民从病理学助教晋升为讲师。第六军医大学（原华中医学院）于1954年从南昌迁往重庆，与原第七军医大学合并为新的第七军医大学。在第六、第七军医大学教学岗位上的几年磨炼，让程天民对教师的职责有了更深刻的体会。他感到，上大课时面对200多名学生，讲多一点、少一点似乎也不那么要紧，但是，这些学生毕业后都要分配到全军各个部门、各个医疗卫生单位从事卫生工作，他们每一个人都是一颗种子，都会在军队的某一个单位、某一个部门生根、发芽、开花、结果。军医大学的教师要忠诚于党的教育事业，要对全军的卫生事业负责，也要对每一个学生的个人成长负责。教师一人多花功夫，换来的是数以百计学员的学习收获，教师必须为每一堂课自觉地付出辛勤的劳动。

程天民认为，课堂教学是学校教育的主要环节，要努力讲好每一堂课。讲好课，教学内容是根本的，教学方法也很重要，因此，要充分备好内容、讲究方法。讲一堂课的时间是50分钟，为了在这50分钟给学生一杯水，程天民认为"自己得有好几桶水才行，一桶是不够的，这样才能讲好课、教好学生"，而且，"如果老师没有掌握学科的知识体系，没有掌握系统的理论知识，就难以在讲课中形成整体的观念，也容易使学生把视野局限在病理学这一本教材上，以致分割病理学与基础课、临床实践之间的联系"。为此，程天民十分注重围绕病理学这一门课进行整体设计。他从病理学的基础教学内容出发，收集整理了丰富的基础资料和专业文献，包括人体宏观、微观系统的病理基础理论以及相关的临床资料，他写下的各种学习体会和读书笔记堆起来足足有半人高。他用这种广搜博览的扎实准备，极大地拓展了病理学知识的深度和广度，具备了比较系统的理论体系，为精选精讲教学内容提供了厚实的基础。

病理学是医学教育中一门承先启后的桥梁课，它以正常人体结构与功能以及生物病原等课程为基础，又为临床医学打基础。学生在之前需要学习很多，如解剖学、组织胚胎学、生理学、生物化学等基础理论知识作为铺垫，进入学习临床知识之后，又需要病理学知识帮助他们理解疾病的发生、发展和诊治依据。所以，教学中常常要讲"正常"以承先，讲"临床"以启后；但在整个过程中，病理学本身的基础理论和基本知识始终是教学的重点。

例如，病理解剖学的内容包括作为基本病理过程的总论和具体疾病的各论。总论的共性和各论的个性是辩证相关的，讲总论时虽也用一些个性来说明共性，但重点是共性；讲各论时则以共性为指导，突出讲各个疾病的个性。而在讲某一疾病时，一般来说，虽然深入认识疾病的临床表现和防治依据很重要，但其基本的病理变化仍旧应该是讲解的重点。比如，程天民讲病理学中的炎症时，尽管炎症的牵涉面广、内容繁多，可经过他的精心提炼后，主干内容是血管和炎细胞反应，这些反应又受到多种炎性因子的影响。任何一个因子作为专题都能够讲很长时间，但作为课堂教学，如果花太多时间讲解因子的内容就会喧宾夺主，影响学生的全面理解。因此，他用血管和炎细胞来阐述反应过程及其意义，以及对诸多因子的作用及其机制等等基本原理，把它们作为核心深入讲授，使授课的主题非常鲜明，让学生能够在一堂课里掌握到教学内容的精华和本质，达到承前启后、触类旁通的效果。

另外，程天民还注意在学生已有的知识基础上突出病理学授课的重点。在他所教的学生中，有的是高中毕业的青年学生，有的是在职培训的干部学员，他们的病理知识基础和学习目标要求也不完全相同。每次开课前，程天民都会专门研究一下教学对象的类型和基本情况，了解他们的学习进度和前期基础，常常从"假如我是个学生"来设身处地地考虑学生的需求，把学生前面已经学过的内容和之后需要掌握的内容都结合起来考虑、前后衔接起来构思，然后充分运用他们已经掌握的知识和他们的需求进行教学设计，开拓、丰富新的教学内容。这样就可以做到既不让学生停留在已经达到的水平上，又能够避免跨越学生已有的基础，过于跳跃地去讲他们不熟悉的新内容，真正把重点的时间与精力放在对学生已有基础的提高和拓展上，有效实现了教学的目的。

做好这些讲课前的设计和准备之后，程天民会将构思好的整个腹稿一气呵成写成讲稿，尔后再反复修改。在他的讲稿中，不仅包括了整堂课的主体教学内容，还有他亲笔画下来的各种病理简图和示意图。甚至连开场白、板书板画和演示动作，他也会预先根据不同教学内容、对象及场合的要求，精心地设计在讲稿中。程天民的讲稿从来不会一劳永逸，他每讲完一次课都会反思讲课的情况和效果，之后再补充内容、修改讲课方式，如果授课对象和教学计划有变化，还会重新构思新的讲稿。程天民迄今还保留着20世纪六七十年代以来多次讲课的讲稿手稿，成为他执教60多年的珍贵"历史资料"。

程天民认为："学生听课是要通过他们的感官来接受知识的。若教师只是讲，学生就只用听的感官；若讲了又写又画又演，学生则不仅用耳，而且用眼，当然更要用脑。这样就能增加、强化对学生感官的刺激，提高他们理解吸收的效果。"因此，老师讲课的方法用得好不好、基本功扎不扎实，直接影响到教学的效果和学生的吸收。

当年程天民教过的很多学生，几十年以后还能忆起他课堂上的风采——每次只要有课，程天民总是提前来到教室，安静地坐在一旁，像演员登台出场以前酝酿感情那样做好精神准备。上课铃声一响，他立即精神饱满、面带微笑地登上讲台，用洪亮的声音讲好开场白，往往是用几句简练的话来联系或复习以前讲的内容，并且对本堂课的内容进行破题或交代，一下子就能吸引住学生们的注意力，之后再开始这堂课的讲授。他对讲课的语言也进行过很好的构思和设计，准确、简练而且达理易懂，从来不说半截子话和套话、虚话。程天民讲课时，也不会一个音调、一种语速讲到底，在重要的地方或加重语调、放慢速度，或斩钉截铁，有时还会故意停顿一下、重复一下，讲究用不同的语调和语速反映出授课内容的内在联系与重点来。

为了提高教学效果，程天民苦练讲、写、画、演的教学基本功，努力做到边讲、边写、边画，有时还边演。凭着对病理知识的深刻理解和高超的绘画技能，程天民能在黑板上用简单的粉笔画出各种各样的器官和病变图。从人体外部形态、主要器官，到组织细胞，他都能用最简洁的几根线条，准确地勾勒出它们的基本特点。比如，肺的外形图上加三条肺叶的分界线，就是表面

程天民热爱教育事业，潜心教学工作，努力上好每一堂课。他边讲边写边画，大大提高了教学效果。

观；画上几条支气管分支，就成为切面图。而且，画动脉时用红色，画静脉时用蓝色，画淋巴管用绿色，这些都让学生们觉得有趣极了。在学生眼里，程天民的板书板画又快又好；有时两只手左右开弓同时画，令学生们惊叹不已。程天民一堂课讲下来，黑板上有图、有文字、有纲要，一堂课的经典内容全都图文并茂地体现在上面，以至于下课之后，学生们都舍不得把黑板擦掉。

程天民在讲课中，还用手势动作或简单器具进行演示。比如，他在讲心肌的代偿作用时，从废品堆里找到几根弹簧，带到课堂上，用它们来比喻心肌纤维。他一边讲，一边用手拉动弹簧，让学生们看到弹簧在一定程度内拉得越长，收缩力就越大，但超过限度或长期拉长，就降低以至于丧失了收缩力，从而向大家生动形象地说明心脏由紧张性扩张发展到肌原性扩张时代偿作用减弱的原理。这些简单的演示动作激发起学生们听课的浓厚兴趣，加深了他们对教学内容的理解和记忆。

"使学生在智育和美育的结合中、在享受而不是负担中得到启迪，学得知识"，这样的一堂课才是程天民心目中满意的一课。

20世纪80年代初，程天民根据自己二三十年的教学实践，系统而具体地总结、阐释了"怎样讲好一堂课"的体会。教学理念、方法、手段需要与时俱进，不断创新发展，比如充分研究和运用现代教学技术等。但程天民在30多年前所总结的体会，翔实生动，不少方面仍具有启迪和参考意义。特别是作为一名教师，如何为教学千方百计、呕心沥血，这些正是程天民矢志教育、潜心教学的情怀的真实写照，现转载如下：

体会之一——精选教学内容，切实把握重点。

老师不可能在一堂课上把所有内容一下子全倒给学生。"要在广搜博览的基础上去提炼重点"，即要围绕教学内容，广泛学习和掌握本专业、专题以及有关学科的知识，具有一定的广度和深度。在此基础上，根据教学要求进行消化、提炼、概括和组织，广中取少，博中求精，把直接教给学生的内容准备好，作为精讲的依据。作为教师，应努力学习，既靠平时日积月累，也要课前准备；既要大量地获得间接知识，包括学习别人的教学经验，又要亲身通过科研等业务实践去努力开拓和深化自己的直接经验。"要从本课程在医学教育中的地位去掌握重点"，即教学内容可以比作一棵树，有些属主干，有些为枝叶，要始终抓住主干，围绕主干适当展开枝叶。对枝叶要散得开、收得拢，不能离开主干去大讲枝叶的内容，有时还要削枝强干。要讲清枝叶，使得主干更加强壮、繁茂，不然就变成光杆或枯干了。但如果离开主干去孤立地大讲枝叶，就使枝叶失去了根源，形成局部畸形的大肚子，学生也不易获得完整的、发展的概念。

"要在学生已有的知识基础上去突出重点"，即要循序渐进，充分运用学生已经掌握的知识去开拓新的知识。既不要停留在学生已经达到的水平上，又不要离开学生的基础过于跳跃式地去讲新的内容，要把重点的时间和精力放在已有基础的"提高"和"拓展"上。要多从"假如我是个学生"来设身处地考虑，培养学生自己掌握重点的能力，使学生能动地体会出哪些是重点，从而自觉地把精力放在掌握重点内容上，学会举一反三、触类旁通，真正在"反"和"通"上下功夫，把知识学通学活。例如，防原病理的复合伤课是比较难讲的。由于核爆炸时，四种杀伤因素在不同条件下的复合作用会造成多种多样的复合伤，病变包括各单一伤的变化，遍及很多脏器。如果按一类一类损伤、一个一个脏器、一项一项病变来讲，必然内容繁杂、费时费解，也易与已经学过的单一伤相重复。通过学习和参加科研实践，我对教学内容进行了反复的推敲和提炼。考虑到复合伤的伤类虽复杂，但最基本、最常见的是烧冲复合伤和放射复合伤，因此，就重点讲这两类复合伤。复合伤的特点可列出许多条，但把最基本的概括为两条、八个字，即"一伤为主，复合效应"。一伤为主（病变特点突出反映主要损伤的变化），这在已掌握单一伤特点的基础上较易理解，进而又将重点放在讲解复合其他损伤后的复合效应带来的新的特点。这样层层突出重点，教会学生据此原则去掌握要领，收到了较好的教学效果。

体会之二——重视逻辑推理，注意启发诱导。

"环环扣紧，步步深入"。教师自己要有一个很好的、辩证的、逻辑的思维，要对教学内容进行总体设计，有层次、有条理地进行讲解，前后呼应，前段引出后段，后段进一步深化前段。在推理时，要解决好现象与本质、材料和观点的统一问题。一般从现象入手，归结出本质，或取画龙点睛的方法。说明观点时要有材料根据，引用材料时要有观点指导。至于先讲观点还是先引材料，可根据具体情况而定。例如讲急性放射病的肠道病变时，提出了肠道感染，特别是极期的感染，往往是由于全身抵抗力下降，在局部出血病变基础上发生的论点，遂列举五方面的材料加以论证，最后提出如果能较好地控制肠道出血，将可能减轻、减少肠道内源性感染的发生。

"提出问题，留有余地"。讲课不能平铺直叙，而要提出问题、回答问题。提问，可由教师自问自答，可对学生泛问泛答或指名回答，可提出问题经学生复习后于下次进行讨论式回答等。重要的是提问要得当、适时，要作为整个讲述的一个有机组成部分，做到边讲边问边议，通过提问，巩固和深化已学知识，引出和诱导新的内容，活跃课堂气氛，启发积极思维。如在《组织修复》一章，讲到伤口肉芽瘢痕组织的形成过程时，提问"究竟伤口深部的成纤维细胞幼稚还是表部的幼稚"，立即引起了争论，有的说深部的幼稚，有的说表部的幼稚。当时，教师没直接回答，而是从成纤维细胞的增生和演变来启发，很快统一了认识，进而提问："为什么肉芽瘢痕组织形成过程中深部和表部的成纤维细胞及胶原纤维排列方向不同，这对功能修复有什么意义？"在讲完各种组织的再生以后，又提出一个腿部火器伤的病例，要学生在课后复习时运用学得的理论知识来思考"几种损伤组织如何修复，并怎样正确处理才能促进这些组织的修复"。此外，对"讲深讲透""当堂吸收"要有辩证的看法。学生听完一堂课以后，既不能还是一团糨糊，也不能毫不费劲就全都吸收，要使他们有一个回味、思考和理解的过程，要通过他们自己的艰苦努力来掌握知识。为此，讲课"留有余地"是必要的，"余地"一定要留在"点子"上。例如，要学生举一反三，就把这"一"讲清，把"三"留给学生自己去思考；要学生掌握以共性指导个性、从个性归结共性、则有时留出个性，有时留出共性，来培养学生自己进行"指导"和"归结"的能力。这些也是培养自学能力的重要方法。

"把原理概念讲清，把形态变化讲活"。一方面对原理要做实事求是的阐述，基本概念一定要讲清。有定论的要交代清楚原理的来龙去脉、历史与发展过程，尚未定论的酌情介绍发展趋势。对于因理解主要内容关系不大，又不很清楚的原理，主动告诉学生不必多费时间去深钻。要有意识地澄清学生容易混淆的概念和原理，务使学生概念清楚、正确，避免留下错误、模糊的概念。例如"机化"在病理和临床上经常用到，它和很多组织修复同是依赖由肉芽组织到纤维组织这一过程来完成的，但与组织修复的概念有很大不同。诸如此类，必须做出明确的交代。在讲原理和概念时，加举鲜活生动的实例是较好的一种阐述方法。可以把复杂、抽象的问题讲得形象具体，让学生们对于原理概念"知其然，又能知其所以然"，形成更加开阔的思维视野。例如核爆炸会引起特殊的眼底视网膜烧伤，在讲清这种烧伤的发生条件和原理以后，举了一个用肉眼直视火球而发生眼底烧伤的实例，可以使学生留下深刻的印象。另一方面，病理形态变化本来是一个发展过程，但学生所看到的病理标本只是呈现某一阶段、往往是后期阶段的"静止"的现象。为此，要有针对性地指出辩证唯物主义思想方法的重要性，着重按照病变的发生发展过程来阐述其特点，力求将形态表现、发生原理、大体形态和镜下所见形态、功能以及病理、临床结合起来讲，按辩证逻辑进行推理启发，使之环环扣紧、步步深入，不仅把"静止"的形态讲活了，使学生既能掌握病理形态的基本特点，又能了解其发生原理和机能意义，而且在这个过程中也潜移默化地培养了学生们辩证、发展的科学思维，提高了他们独立分析、解决问题的能力。

体会之三——刻苦锻炼表达能力，努力提高教学效果。主要突出讲、写、画、演四项表达的基本功。

关于"讲"，首先要为上台开讲准备一个很好的精神状态。这个精神状态取决于很多因素，如教学经验、备课程度等。在临上讲台前还要有所准备。临上课前十几分钟最好不要去思考和处理其他事情，要像演员临登台出场以前酝酿感情那样做好精神准备，全神贯注，精神饱满、满怀信心地登上讲台，这对学生听讲这堂课的情绪很有影响。若教师本人畏畏缩缩、表情紧张、说话发抖，就会使学生感到教师缺乏信心。在充分备课的基础上，一上台就豁出去了，不背包袱，不要拘谨，放开讲，才能发挥出表达的技巧和备课的效果。

一上台要讲好开场白。要根据教学内容、对象、场合等情况，精心设计开场白的内容和语气。开场白讲好了，对教师本人可以起到镇定情绪的作用，增强讲好课的信心。若上台一开讲就砸了锅，就会引起慌乱，影响讲课的正常进行。要用几句简练的话来联系或复习以前讲的内容，还要对本堂课进行破题或交代，起一定的动员作用。比如参加核试验时，在现场为参观核试验的军地领导讲课时设计了这样一段开场白："我们参加核试验的同志，能在戈壁滩向大家报告我国核试验的成果，感到无比自豪和亲切。同志们来自四面八方，从事各行各业，但最关心的共同问题是核爆炸对人员会造成多大的杀伤，对这些伤害能不能防、能不能治。今天，围绕这个主题讲三个问题。"全场随即鸦雀无声，全神听讲。有时不需要讲很多话，可用其他形式来开场。如讲火器伤的病理学时，考虑到青年学生对战伤缺乏认识，一开始只说："今天，我们讲火器伤的病理学，首先请同学们看看这些数字！"立即放出投影片，列举了解放战争、朝鲜战争、越南战争、中东战争以及对越自卫还击战中的枪弹伤和弹片伤的发生率，一看发生率这么高，说明常规战争中最主要的战伤是火器伤。这样，就起到使学生认识火器伤重要性的动员作用。接着讲火器伤病理学的具体内容。

在整个讲课过程中，对语言也要很好地构思、设计，固然用不着像写文章那样逐句逐字推敲，但要力求准确，在科学性上不能出错；简练，不说废话；深入浅出，通俗易懂；前后连贯，不要说半截子话。要注意语调和速度，不要一个音调、一种速度讲到底，对重要的地方要加重语调、放慢速度、斩钉截铁，有时要有意停顿一下，有时要重复一下，要在语调和速度上反映出重点来。速度上要使学生接受新的知识能够跟上思维，有时间照顾一下记笔记。对速度和进度要预先有安排，并在讲课过程中随时调整，不要等快下课时再看手表，形成前松后紧或前紧后松。讲的时候要面向学生、环视课堂，不要面对黑板或只看天花板、地板。要把学生的注意力吸引到教师的讲解上，随时观察学生听讲的表情、情绪，从中觉察学生的思维动态。这种动态，教师在讲台上是一目了然的。如果发现学生思维涣散，要及时从自己的讲解中发现问题，加以改进，还要提醒学生注意听讲。当然，这些是从我们教师方面来要求的。至于对学生，则应强调要始终专心听讲，那是另一方面的问题。

关于"写""画"，就是充分发挥板书板画的作用。讲课除了"讲"以外，还要通过写和画来进行演算、推导、阐述，以补充语言的不足，吸引听课的注意，加深内容的理解，提高表达的效果。电化教学手段固然十分重要，但教师一支粉笔、一块黑板的作用仍不能忽视。如同医生有了很多先进的诊疗设备，但视、触、叩、听仍然是基本的。

板书要求排列整齐、层次分明，标题序号要规范化（如一、（一）、1、（1）、①）。这种序号层次往往反映内容的内在联系，不要随便乱用以致造成内容上的紊乱，切不要大小标题一种符号用到底。不要到处乱写、横写竖写、插空子写、勾来勾去，使学生记笔记时找不到哪里接哪里，这会分散学生的注意力。要重点明确、内容简练，哪些该写、哪些不用写，要预先设计，不要满板满板地写，使教师忙于板书、学生疲于抄写。要字迹清楚、大小适中，课前写出不同大小的字体，自己跑到教室后排去看看是否清晰。还要尽量写得快些、擦得慢些、留得久些，经过锻炼是可以写得既快又好的。

"板画"即现画的黑板图，具有现成挂图和投影图不能完全代替的特点与优点（当然，各有不同的作用）。可以边讲边画，反映事物的发展过程，有利于有层次、有发展地进行讲解，有利于把概念讲清、把变化讲活。有时讲很多话不易体会，勾几笔简图却清楚了。平时有美术基础的当然是有利条件，没有此基础的经过苦练也可以达到得心应手。要根据本课程的特点，设计出最常用的简图和示意图，用最简洁的几根线条勾画出基本特点来。例如肺的外形上加三条肺叶的分界线，一看就是表面观；再如加画支气管分支，则成为切面。还要恰当地运用颜色粉笔，如动脉用红色、静脉用蓝色、淋巴管用绿色、细胞浆用红色、胞核用蓝色。

力求做到讲、写、画结合，边讲边写边画，不要顾了写和画就停下讲，或者讲的时候完全不能写或不能画（当然，适当穿插是可以的）。要对板面做出设计和排版，哪里写字、哪里画图、哪里要擦掉、哪些要留用，均要预先考虑。要求讲述一段内容，黑板上既展现出一幅图文并茂的清晰板面，又留下一个有层次的提要纲目，托出醒目的基本内容，并可据此进行小结。

关于"演"，就是教师讲课应有必要的演示动作。既不要站立不动、无所动作，也不要频繁走动、手舞足蹈，要以姿势助说话、以演示助表达，有时还可边讲边做一些演示性操作。比如，讲冲击波的形成和致伤原理时边讲边演："核爆炸瞬间，在爆心产生几千万摄氏度的高温和几百亿个大气压，猛烈膨胀（手势示意膨胀），剧烈地压缩周围的空气（手势示意压缩），形成向四周迅速传播的高压高速气流（手势示意传播），这就是冲击波……冲击波以比强台风快得多的速度，席卷地面尘土奔腾呼啸而来（手势示意席卷、奔腾动作，并模拟呼啸声）。有些地方可以看到这样的现象（这时，拿起一根树枝代表树木）：冲击波一来，树木被吹倒（树枝顺方向倒下），过后却见树木反而倒向爆心侧（树木向反方向倒下），而后又摇晃一阵（示摇晃），最后恢复常态（示复原），这是为什么呢？"往下就引出动压、超压和负压的概念，并进一步阐述人体是如何受到动压、超压和负压的作用而发生各种冲击伤的。这些简单的演示动作，边讲边做，不另费时间，却使学生引起了注意和兴趣，加深了理解和记忆。

此外，要讲好课、表达好，思想必须重视，关键在于备课。教师必须忠诚党的教育事业，出于公心，决不能把教学当作"输出"、把科研当作"输入"，也不能只注重备内容、不注意备方法。若从这些个人的所谓"出入""得失"出发，是断然搞不好教学的。必须为教好学、讲好每一堂课，自觉地付出辛勤的劳动。要多花些时间，对每一堂课进行总体设计，形成科学的思路，打好腹稿，尔后写出表达的讲稿。写讲稿最好一气呵成，尔后再修改。讲稿尽量写得详细些，重要的内容、难以表达的内容最好按设计要表达的原话写下来，板书、板画和演示动作也要预先设计和安排。写出讲稿后要力争试讲，如果不能组织集体试讲，就独自试讲，有时用录音机录下来自己听听讲得怎样。在认真准备后，上台讲的时候则应基本脱离讲稿，更不能照本宣读。

讲稿不能一劳永逸，要根据内容的进展、对象、计划等条件进行修改或重写。为了搞好教学，既要虚心、有心地向别人学习，又要十分重视自己点滴实践经验的积累。在听别人讲课时除学习内容外，对好的表达方法都记下学习。自己讲完一堂课后，除征求意见外并多"回味"，趁印象新鲜，及时记下这堂课哪些方面讲得顺当、成功，哪些方面还有问题。讲课是对备课的实践，实践所得的体会是很宝贵的，对以后备课、讲课大有裨益。

正确认识和处理教学中的几个关系

半个多世纪以来，在一轮轮教学实践和改革的浓烈硝烟之中，大家总能见到程天民孜孜不倦、上下求索的身影。

20世纪80年代初，担任第三军医大学业务副校长（分管教学、科研和医疗）的程天民提出："教育必须改革，教育的出路在于改革。改革的方向，应是邓小平提出的'三个面向'（面向现代化，面向世界，面向未来）。"他认为，结合军医教育，可以这样来认识：军医教育必须迎接即将到来的新的世界性的技术革命，必须适应未来现代化战争的需要。也就是说，军医教育必须为国防现代化服务。他当时曾经提出：跨入21世纪后，20世纪80年代毕业的学生的年龄为30～35岁，将进入创造成果的最佳年龄。那时，很多新的知识需要他们去掌握，很多新的问题需要他们去解决，很多新的成就需要他们去创造。毕业生的质量将直接决定未来国防卫生事业现代化的水平和程度。我们必须从这一战略高度来认识我们的教育和教学改革工作，来认识"三个面向"的战略意义。

关于教学改革，程天民特别主张"既要传授知识，更要培养能力"。在对教学质量做全面、系统的调查分析基础上，程天民采取座谈会、个别交谈、问卷调查等方式，与毕业生交流，感到学生对教学大纲规定的内容学得扎实，外科手术的能力较强，但与地方一些著名重点院校的学生比较，思路不够活，知识不够广，外语水平不如他们。"这向我们提出了严肃的问题：今后如何改进传授知识的方法？如何加强能力培养？""能力包括多方面，如注意力、观察力、想象力、思维力、辨别力、创造力、自学能力、实验能力、表达能力、组织能力和管理能力等。概括起来，对在校学生而言，最基本的是获得知识的能力和运用知识的能力。"要做到"既传授知识，又培养能力"，程天民认为，主要应处理好五个关系。

（一）传授知识与培养能力的关系。

传授知识和培养能力（智能）是紧密联系、相辅相成的两个方面。向学生传授必要的知识是培养和发展学生智能的基础。学生的智能只有在具备较丰富知识的基础上才能得到发展。没有一定的科学理论和专业知识做基础，智能的发展便是一句空话。传授知识是培养智能的前提，但传授知识并不等于培养智能，考试分数很高的不一定能有创造性的建树。以"背功"为基础的考试只能培养出"高分低能"的学生。只有当知识转化为独立工作能力和科学创新能力的时候，才能形成一种实实在在的力量。

因此，既要进一步改进传授知识的方法，提高课堂讲授的质量，更要千方百计努力提高能力的培养，并把这两方面更好地结合起来。课堂讲授仍是理论教学的重要环节，必须提高讲授质量。怎样评价讲课质量？首先当然应包括讲授内容的科学性、先进性、实践性。就教学方法而言，条理清楚、重点突出、生动形象等无疑是重要的，但还不全面。更重要的是通过课堂，使学生除了学得知识外，还能受到启发，学到掌握知识和运用知识的能力。

很多教师备课的主要时间花在内容上，即传授知识方面，而在培养能力方面注意不够，花费的精力和时间不够，这是需要着重解决的。不能单纯从传授知识着眼，备课只备内容，讲课"满堂灌""抱着走"。要改变这种状况，必须从入学一年级就开始，切实改变用中学的教学方法对待大学生（其实，中小学也在改，而中小学传授知识的成分要比高等教育多）。

（二）教师为主导与学生为主体的关系。

以往强调教师的主导作用较多，而对学生为学习的主体、调动学生的学习主动性重视不够，这是学生学得不活、能力培养不够的重要原因之一。教师无疑应发挥主导作用，而问题是怎样发挥、在哪些方面发挥。要发挥到强调学生的主体地位、强化学习的主动性上去。著名科学家、教育家钱伟长曾提出："很多东西可以不教，学生会学会的，不学是不会的，不教是可以会的，关键在学，不在教。教是外在因素，学是内在因素。教师的教主要不是把知识教给学生，而是把处理知识的能力教给学生，这是最关键的。"著名科学家茅以升的教学法也很发人深省：他根据学生提出问题的难易程度来打分，规定凡提出的问题有意义、深刻，就多给分；难度最高、意义最大，并且能难倒教师的得第一名。这极大地调动了学生的学习积极性，因为必须认真预习，刻苦钻研教材，从而大大加强了学生自学能力的培养。经常性的提问，还能培养学生发现问题的能力，养成独立思考的习惯；大量疑难问题的提出，又使教师加强了教学的针对性，提高了教学效果，也促进了教学相长。茅以升的学生提出的许多疑难问题，成为他的科研课题。程天民认为，我们并不一定照搬具体做法，但这对调动学生的积极性是很有启发的。

在片面强调教师的主导作用、忽视学生学习主动性的情况下，不仅造成"满堂灌""抱着走"，而且提出所谓"要讲深讲透""要当场解决问题""全部当场吸收""有问必答"，似乎态度可佳，领导表扬，学生满意。其实，这不是真正地爱护、关心学生，反而造成不良的后果。比如，导致学生缺乏自信，养成非经老师点头不放心的不良习惯。单纯依赖老师，就说不上发挥学习的主动性和创造性。对这些必须进行改革。

长期的教学实践让程天民体会到：教与学这对矛盾的主要方面是学，不是教；教是为了学，教不能替代学，"教是为了不教"。学生是学的内因，教师是学的外因，外因只有通过内因才能起作用。因而，程天民认为，教师在教学中的这种"主导"应当体现在发挥学生的"主体"作用上，通过充分信任和尊重学生，强化学生的主体意识，充分调动学生的学习主动性、积极性和创造性，使学生的"要我学"转变为"我要学"，而且是"我要积极、努力地学"；教师的"主导"还应当更多地体现为"引导"，不仅要传道、授业、解惑，而且也要通过不断地学习新知识、探索新领域，以创新、创造的实践和理论引领并指导学生，让他们学会学习、学会思考、学会实践，帮助他们掌握知识的本质和科学研究的精神、方法，把学习、探索、研究作为个人内在的迫切需求，而不是为单纯追求分数而被动、消极地应付。所以，通过把教师的主导作用和学生的主体作用有机结合，将能更好地体现尊师爱生，实现教学相长。

（三）课内与课外的关系。

课内是重要的，要提高50分钟内的讲课质量和效果，但单纯的课内难以充分发挥学生的智能，一定要同时开展课外活动，有的称之为"第二课堂"。国内外的教育经验证明：积极地、有目的地引导和组织学生参加各种课外活动，把他们的旺盛精力纳入正轨，对促进德智体全面发展、对能力培养有十分重要的作用。少见寡闻、想象力贫乏的人中间是出不了人才的。

第二课堂的内容、方式主要有群众性活动、小组活动和个人活动。程天民认为，群众性活动包括有益的报告会、讨论会、讲座、展览、学术刊物、学科竞赛、公益劳动、游览和参观等。小组活动包括学生科研小组、与教师结合的科研小组、不同爱好的活动小组（如摄影、美术、体育、服务小组等）。个人活动可以根据个人的特长、兴趣，发挥各自的爱好和才能。

课外活动需要党团组织、教师的积极引导和组织，不能把它当作额外负担。

心理学研究表明，生动的、新鲜的刺激，比呆板的、重复的刺激对人的智能发展效果要好得多。不能把学生的精力全部局限于教学计划、大纲所规定的内容上面，要把他们生活的圈子搞得更大些，使学习的内容更广阔些，让他们能经常接受更多新鲜的、生动的刺激，提高学生的素质，并让生活更丰满、知识更丰富。爱因斯坦、李四光是出色的小提琴手，钱学森酷爱绘画，诺贝尔、华罗庚、苏步青都写得一手好诗，郭沫若更是多才多艺、才华非凡。当然，现实生活中还有像陈景润那样的科学家，但程天民感到，作为直接从事和组织救死扶伤的军医来说，总是要得到多方面的训练。

（四）教学与参加科研活动的关系。

科研是创造性劳动。将科研引入教学活动，是高等教育的重要特点之一，是培养智能的重要手段。例如，按科研要求组织教学实验，由教师出题，由学生自己设计、准备、操作、观察、总结、写出论文式的实验报告。有的组织课外科研小组，这适用于工作量较小、指标较易掌握的项目，主要训练思维和技能；有的组织学生在课外阅读文献，写出综述。"但是，如何组织全部或大批学生参加科研活动，如何搞毕业设计、写毕业论文等，我们尚未解决，需要认真加以研究。"程天民说。

（五）外语教学与专业教学的关系。

程天民认为，学生的外语程度，总的说来是不够令人满意的。当然，原因是多方面的，重要的是外语教学集中于一二年级，至三年级以后，外语客观上断了线，要考研究生的抓得较紧，而很多同学坚持得不好。另外，专业教学中对专业外语的训练不够落实。所以，提高外语能力，要从两方面着手：一是做到外语教学不断线，二是在专业教学中加强专业外语训练。如果连续5年开外语课有困难，印发材料、做作业、定期讲评或办讲座总是有可能的。对各专业课，要逐步增加专业外语的词汇量，从一年级即开始逐步做到多写多讲，半外半中或部分外语教学，有条件的全部用外语教学，可以进行试点。如果用外语讲课，有的单位在试点初期接受专业知识的程度可能受影响、考试成绩可能低些，但从长远看、从全局看，能提高质量。就词汇量来说，如果平均每学时增加两三个词汇，两千多学时就有四五千词汇。在公共外语基本语法的基础上，加上这么多专业词汇，就能大大提高学生的自学能力，扩展专业技术的能力也就能大大提高。

总之，要通过各学科共同努力，大大改进传授知识和培养能力的方法，并把教学重点切实转移到开发智能上来。

教书育人，治学修身

程天民虽然年逾八十，除外出参加学术会议、作学术报告外，他仍坚持每年为学生讲课——对新入学的本科生讲《迈入医学之门》，对新入学的研究生讲《科学研究中的治学与修身》或《科学与艺术》，引导学生树立起正确的成才观和价值观，走上正确的成才之道。仅过去几年，他就为多家单位和学术会议作了30多场不同内容的学术报告和讲座。程天民始终认为，人才培养要坚持德育为先，寓德育于智育之中。在这个过程中，教师一定要处理好教书和育人的关系。

"军事院校要为部队培养合格人才，以适应我军现代化建设和未来反侵略战争的需要，必须充分发挥专业教师在教书育人中的作用。从第三军医大学的实践来看，育人是一个系统工程。学生政治素质、军事素质和专业素质的提高，需要做一系列的工作，需要运用各方面的力量齐抓共管，进行综合培育。其中，专业教师起着重要的和特殊的作用。"程天民在半个多世纪的教学实践中感到，教书育人是专业教师的主要职责。教书和育人是联系在一起的，教师总是在自觉和不自觉地对学生起着"育"的作用。智育和德育，是既有区别又有联系的统一体，两者彼此相寓、互相渗透、相辅相成。一般说来，教师育人作用的大小，往往同教书教得好不好联系在一起，教书教得愈好的教师对学生的影响也愈大。他以第三军医大学为例，计算出一个本科生在校的整个学习期间，要学习三十几门专业课。如果平均每门课程以5名教师施教计算，一个学生直接接触的专业教师有150名之多。学生从事专业学习的时间占整个教学计划时数的80%，假如再加上第二课堂和辅导活动，专业教师与学生相处的时间，就要占全部学时的90%。"如果这么多专业教师，在这么长的时间内充分发挥教书育人的作用，那么，对学生将会产生多么巨大的影响！"

程天民认为，专业教师的教书育人工作，不同于党政领导和政治教师，既有其特殊作用，也要用特殊方法主要包括：进行热爱社会主义、热爱祖国、热爱军队、献身国防的教育；进行辩证唯物主义和历史唯物主义的教育，树立严谨、科学的学风，勤奋好学、积极进取的创造精神和高尚的职业道德等。一句话，就是寓德育于智育之中。要真正做到这一点，需要从以下四个方面下功夫。

——结合。专业教师教书育人，要在结合、渗透上下功夫，使学生受教益于潜移默化之中。就拿进行辩证唯物主义教育来说，并不要多讲辩证唯物主义本身的理论，整个人体就是对立统一的有机体，整个医学及其各个学科专业充满着辩证法。比如人体与环境、人体内环境中的各种关系（衰老与新生、合成与分解、分泌与排泄、兴奋与抑制、反馈与调节、伸与屈、呼与吸等），无不处于对立统一之中。研究健康与疾病的转化规律，构成了基础医学、预防医学、临床医学与康复医学。各种疾病均有其发生发展的规律，也均有其临床病理特点，有外因、内因，有共性、个性。不同疾病可以有相同、相似的临床表现，而同一疾病在不同患者身上又可出现不同的临床征象。问题的关键是，教师要自觉地以辩证唯物主义为指导来组织和讲授教学内容，并用画龙点睛等方法，有针对性地指出辩证唯物主义思想方法的重要性，按辩证逻辑进行推理启发，使之环环紧扣，步步深入，不仅使学生听之入胜、积极思维，而且能不断提高分析问题、解决问题的能力。例如，程天民在讲授放烧复合伤的难愈问题时，先是介绍难愈的原因主要是合并全身放射损伤后，机体的免疫功能被抑制，导致烧伤创面极难愈合；之后介绍解决问题的过程，即以辩证思维为指导，利用机体免疫功能降低，排异反应也相应减轻这一条件，在伤后24小时内对三度烧伤创面作一次性切痂植异体皮，因排异受抑而取得成功，及时消除了烧伤创面，促进了全身治疗；最后总结出一点：有利与不利可以在一定条件下转化，应当能动地化不利为有利，促进伤病的治愈。整个授课过程中，程天民在充分把握辩证唯物主义理论实质的基础上，自觉地以辩证唯物主义为指导来讲授专业教学内容，顺理成章地引出了医学知识中的辩证法智慧，并且在总结时，画龙点睛地指出辩证唯物主义思想方法的重要性。这样既避免了政治理论的空洞，而且能让学生在教师的专业讲授中，真实体会到无处不在的辩证哲学，形成科学的思维方法，切实起到了实实在在的教书育人作用。

——表率。教师的一言一行要为人师表，给学生以楷模、示范作用。教师要以自己的或其他科学家的经历，引导学生走正确的成才之路，使学生树立起正确的成才观。长期以来，学生在处理"红"（思想品德）与"专"（专业技术）的关系上，有忽视"红"、偏重"专"的倾向；在处理理论与实践的关系上，有重理论、轻实践的倾向；在处理学习与工作的关系上，对提高自己的学习成绩抓得紧，但对工作不够认真，对结合工作实践进行学习注意不够；在自我设计方面，相当一部分学生都想走"本科—

硕士—博士—出国留学"的成才之路，对如何把个人成长和党的事业多方面的需要结合起来考虑较少。这就需要专家、教授以自己的亲身体会，引导学生把个人的理想与党的事业多方面、多层次的需要结合起来，自觉地走上到基层和边海防、到艰苦的岗位去建功立业、锻炼成才的道路。教师的表率作用，更多、更广泛地体现在对教学工作的极端负责、一丝不苟和实事求是等方面。教师在教室、实验室，要求学生做到的，自己应首先做到。教师的身教，往往比领导的动员和政治教育更起作用。

基于此，程天民60多年来，从未完全脱离过教学岗位。他平时要求学生做到的，自己一定先做到；要求学生不做的，自己一定不做；鼓励学生大胆提出不同意见，对于自己不了解、一时回答不了的问题，总能以"知之为知之，不知为不知，学而后知再教之"的严谨态度对待。在程天民看来，学生能提出难倒老师的问题，说明他是动了脑子的。这是学生的进步，也是老师的成绩。

——严格。从严治校、严谨治学，是培养合格人才的关键。教师对学生的严格要求，"严"而有"格"。这种"严"，必须合乎科学性，才能严得起来。这种"格"，就是我军的共同条令、院校工作条例、学籍管理条例、有关制度规定和教学规律。要实行严格的奖优汰劣制度，没有严格的淘汰制，就培养不出合格人才，养成不了良好学风，打不破"铁饭碗"。严格执行制度，例如按规定留级、退学、结业、开除学籍等是十分必要的，但更重要的是教师在各个学科、教学过程的各个环节严格要求，这是严格执行制度的基础。制度再严，教师不严就等于一纸空文。如果教师为学生指点考试重点，出题偏易，评分送分，这样取得的"及格""高分"就是虚假的，不仅使学生没有具备真才实学，反而促使他们养成投机取巧、弄虚作假的恶劣习性，这是贻害无穷的。因此，教师对学生严格，是严格执行制度、确保教学质量的前提和关键。

程天民对学生一向"严"而有"格"。他的"严"不表现在声色俱厉，而重在严谨治学、诚信为人，要求学生把做人与做学问结合起来，遵守学术道德，恪守学术诚信。平时对于学生提出的大胆甚至是轻狂的学术见解，程天民都能和颜悦色地听他讲完，再与之进行探讨，但他决不会姑息、容忍学生考试舞弊和学术造假等行为。在程天民当第三军医大学副校长分管业务工作期间，有一名女学生在病理生理学考试中作弊且证据确凿，学校训练部给予她严厉处分并通报。然而，这名女生能言善辩，而且向《解放军报》的一位记者哭诉"受冤"。这名记者在不做调查的情况下写了一份"内参"，总后勤部首长阅后批示："假如是这样的话，希望三医大改过来"，并派总后干部部副部长前来调查。当时，程天民坚定地对这位副部长说："我们有确凿证据。假如不处理她，我这个副校长就不当了。"最终，学校顶住压力，坚持开除了这名作弊的学生，维护了良好的学风和学校的威信。

——爱护。教师对学生应怀有真诚、深切的情谊，要像园丁爱护幼苗那样，精心培育，使之健康苗壮成长。对于学有余力的优秀苗子，要敢于为这些学生冒尖创造良好的舆论条件和学习条件；对于学习有困难和思想后进的学生，要一视同仁，尊重他们，以满腔热忱的态度，分析其后进的原因，有针对性地做好个别教育和辅导工作，晓之以理，动之以情，教之以法。转变后进学生也是专业教师的一项重要职责，是教学能力的一种基本功。

进一步深化军事医学教学研究

中央军委提出的新时期军事战略方针确定后，程天民等人又着眼未来军事斗争对人才素质的要求，对军事医学的教育体系、教学内容、教育训练方法以及科学研究等方面进行了系统改革，创建形成了新型军事医学教育体系。

2001年，新的军事医学课程已在三医大临床医学、预防医学与病理检验专业的本科生及专升本教学中进行了实验教学。军事预防医学已经被国务院学位委员会确定为新的二级博士学位授权学科，4所军医大学和军事医学科学院已按此招收研究生。程天民主编的《军事预防医学概论》已印发全军，成为研究生课程和在职干部学习的主要教材。3个军事医学教育基地在普及、提高军事医学知识过程中，发挥着越来越重要的作用——

进一步拓展了教育规模，使更多的专业人员得到系统培训。按照新的军事医学教育体制，1993年以来，军事医学课程改革在临床医学、预防医学、病理检验等专业的研究生、本科生培训以及委培、函授教学中逐步开展，累计有3730名学员受到军事医学的系统培训；其中，出站军事医学博士后6名，毕业博士生159名、硕士生178名。利用3个军事医学教育基地为部队举办培训班22期，轮训技术骨干1995名。

进一步增强了教学效果，提高了学生的军事医学素质。1997~1999年，第三军医大学对预防医学专业本科学生进行了两次教学效果评价调查。结果显示，认为改革后的专业课教学、专业实习及临床实习效果好和较好的占83.4%～90.79%，认为一般的占9.3%～16.6%，与改革前的课程比较，具有显著差异；认为主干学科新编教材内容好和较好的占94.4%，认为一般的占5.6%，改革前后相比，也有显著差异。教师和学员队干部对教学改革的效果，也给予了充分肯定。

进一步促进了学科发展，带动了全军军事医学学术水平的提高。军事预防医学这一新学科确立后，全军军医大学公共卫生与预防医学一级学科内博士学位授权专业的覆盖面，由原来的4个学科点增加到14个，新增了一批博士生导师，为我军培养预防医学、卫生防疫高级专门人才开创了新的局面。

进一步推动了军事医学的发展，为提高全军卫勤保障能力提

2007年，程天民与第三军医大学的本科生在一起

2007年，程天民为第三军医大学的毕业本科生签字留念

供了新的成果。1993年以来，第三军医大学承担了全国、全军军事医学重要科研课题84项，获科研基金4026万元，写出学术论文1799篇，获各种奖励122项，其中国家科技进步奖一等奖1项、二等奖4项，军队和省部级科技一等奖6项、二等项54项。这些成果中既有重要理论创新，又有新的应用装备；其中，系列防雷装备是总装备部批准列装的全军后勤系统第一项作战装备。军事医学教育推进了军事医学研究的发展，第三军医大学军事医学研究的整体水平居于国内领先地位，某些领域步入国际先进行列。

进一步在教学科研实践中培养人才，形成了一支高素质的军事医学师资队伍。在新型军事医学教育体系的实践中，三医大形成了一支由黎鳌、程天民、王正国三位院士领衔的军事医学师资队伍，有高级职称人员89名。其中，3人获得全军专业技术重大贡献奖，1人获得国际最高军事医学狄贝克奖，4人次获得中国工程科技光华奖、陈嘉庚奖与何梁何利奖，全国有突出贡献的中青年专家3人，总后科技"金星""银星"各1人，新星2人。这批专家中，45岁以下的正高职有14人，35岁以下的副高职有13人。新一代军事医学学术带头人已基本形成，为学校军事医学以及全校的建设与发展奠定了坚实的人才基础。

此外，程天民在数十年来的教学改革中，还与学校教学领导部门相配合，对军事医学教学的整体方面进一步深化改革，开展"创建军事医学学科体系，培养新型军事医学人才"的系列研究，提出构建军事医学六大学科体系，即：特殊武器医学防护学学科、联勤军事医学学科、军事预防医学学科、军事临床医学学科、军事卫生装备与生物工程学学科和军事人文与管理学科。在这六大学科群下，构建了33门现代军事医学学科体系。例如特殊武器医学防护学学科中，除"三防"医学外，新建了新概念武器医学防护学；联勤军事医学学科中，设置了联合卫生勤务学，军事航空、航天、海航与潜水医学，新设了军事作业医学。在学科体系的基础上，构建相应的课程体系和教材体系，进而确立了新型军事医学人才的培养目标，建立了三军一体化的培养模式，以及实战训练的基地和院校与部队协同的机制。这些教学改革的思路和实践，使三医大进一步形成了国内外公认的军事医学办学特色和优势，显著提高了教学质量和办学效益，也推动了我国的军事医学学科创新，提高了卫勤保障能力，促进造就了一支高素质的军事医学师资、科技人才队伍，推动提升了全校整体办学水平。这项以程天民为第一完成人的教学改革研究与实践，获2009年国家教学成果一等奖，这也是第三军医大学所获得的第一项国家教学成果一等奖。

四、严师出高徒

1978年，国家恢复学位与研究生工作，程天民作为首批硕士生导师招收了第一名研究生张春生。他到学生宿舍看望张春生时说："我没有当过研究生，也没有带过研究生。我们边学边带，互相学习。"

1981年，程天民招收了两名硕士生——粟永萍和王亚。她们都是在"文化大革命"中学习成长的。王亚为大专学历，长春第208医院病理科技术员；粟永萍是工农兵大学生、上山下乡知青。她们的学历层次都不高，考研分数也不算高，但有强烈的学习愿望，有艰苦工作的实践。在学校训练部机关由于各种原因不太积极的情况下，程天民坚持把她们录取了。他了解到粟永萍大专毕业后被分配到贫困的重庆忠县山区，后调到县医院筹建病理科。她作为一个女同志，硬是从买试管、切片机开始，把一个病理科建立起来了。她想深造考研，医院领导不支持，她只能在深夜学习准备。医院领导认为她反正考取不了，就让她试试，结果"上榜"了。别人告诫粟永萍"搞防原医学要瞎眼睛啊"，她却回答说："人家搞了几十年的教授都不怕，我怕什么！"程天民认为实践经验比分数更重要，就这样坚定地把她录取了。粟永萍硕士毕业后转入攻博，继而成为程天民的第一个博士生。十年动乱之后，程天民带第一个硕士生时已52岁，带第一个博士生时已55岁了。

程天民对研究生严格要求、潜心指导，从课程学习，必修课、选修课的选定，学位论文的选题、设计、实施，特别是从撰写学位论文到进行答辩，他都针对每个研究生的特点予以指导。他对学生的论文，从论文框架、结构，材料形成观点，观点统率材料，到严格、科学用词，正确使用标点符号等等，都反复进行指导、修改；更重要的是，从学生研究获得的实验结果中，帮助分析取得更为深化、创新的科学结论。如博士生粟永萍发现并确定放烧复合伤度过早期休克后，肠上皮再生修复反而比同剂量单纯放射病为好为快，即显示"减轻效应"。而有关文献将两伤或多伤合并后的复合伤的基本特点归结为"相互加重"，并将复合伤称为"相互加重综合征"。程天民结合粟永萍的研究结果，在讨论时提出大多加重，有时可不加重以至减轻，从而将复合伤的基本特点概括为"复合效应"。硕士生艾国平研究骨髓间充质干细胞治疗放创复合伤创面时，发现干细胞表达生长因子，创面局部成纤维细胞等也表达了生长因子。由此，程天民指导艾国平做出了"干细胞的促愈是出干细胞和创面局部微环境相互作用而实现的"科学结论。

多年来，程天民患双眼青光眼，已进入晚期，视野高度缩小，阅看研究生的长篇论文已经越来越困难了。他就请研究生一段一段地读给他听，读一段，讨论、修改一段。学生们对程天民"用耳朵改论文"深为感动。

程天民培养研究生，有他自己的一些想法。他认为导师与研究生之间的师生关系，比教师与本科生之间的师生关系更为深刻、实在，要相互学习、教学相长。研究生集中研究课题，对该领域的理论进展和技术手段，比导师要了解、掌握得多，导师可以向学生学到很多东西。导师不是万能的，但毕竟有其专长。研究生要善于了解、发现和学习导师所长，努力把导师的专长以至"绝活"学到手。培养研究生一定要体现"以人为本"的思想，既重"文"（学位论文），更重"人"，不能"见文不见人，重文不重人"。研究生要着力通过3年或更长时间的攻读、培养，掌握独立进行创新性科学研究的能力，从中养成求实的科学精神、严谨的科学作风、辩证的科学思维、创新的科学意识和良好的科学习惯，这些是一辈子都会起作用的。作为高校培养最高层次的研究生，也必须具有更高层次的德智体美全面发展，坚持科学道德，抵制学术不端。而要达到这些要求，导师要努力以自己的学术造诣和人格魅力去影响、教育研究生。导师对研究生要严，对自己也要严，"名师"又是"严师"才能出"高徒"。程天民特别为博士研究生题词"努力成为博大精深之士、博大胸怀之士"，博士的"博"正应体现于这两个方面。

程天民培养研究生不重数量重质量，他直接招收培养了49名博士后、博士生和硕士生，很多人毕业后成为新一代学科学术带头人。如今，程天民学生的学生已成为博导，他也成为"导爷"了。他的第一个博士生粟永萍，也是全国第一个防原医学博士，接任全军复合伤研究所所长多年，卓有成就，先后被评为全国优秀科技工作者、"三八红旗手"、总后科技"金星"，当选为党的十五大代表和十一届全国人大代表。程天民的其他几位毕业生还入选"国家百千万人才"工程，并被评为国家杰出青年、"长江学者"特聘教授、有突出贡献中青年专家、全国优秀博士论文获得者。

人们说：程天民的身后不是荒漠，而是一片繁茂的森林。

五、育才、识才、荐才：薪火相传

程天民在他一生的教学科研和管理实践中，深刻地感悟到：一切的一切，人是第一位的；治学办校，学科是基础，人才是关键，水平是标志。所以，他在不同岗位上始终以极大的热情来识才、惜才、爱才、育才和荐才，培养出不少出类拔萃的人才。

"文化大革命"结束后不久，职称评定尚未正式恢复的时候，第三军医大学的蔡文琴讲师从英国留学归来，取得博士学位。总后勤部部长洪学智十分爱才，提出要将她越级提升为教授。三医大科学技术委员会讨论时，一些老教授以专业基础不够等为由不予支持。程天民作为委员之一，事先详细阅读了蔡文琴的学术论文，在会上作了充分的说明。在推荐蔡文琴的同时，他主动搜集、整理材料，力荐王正国讲师。最后，蔡文琴和王正国均被破格越级提升为教授。这二人的越级晋升，打破了人才方面的保守、沉闷气氛，在总后以至全军引起了强烈反响。王正国升为教授后，很快担任全军野战外科专业组组长，为他后来的发展提供了条件。1994年，他当选首批中国工程院院士。若干年后，蔡文琴被选为全国解剖学会理事长。

程天民的第一个博士生粟永萍，攻"博"十分艰苦。当时，她的爱人正在国外留学，孩子也小，同住的父母亲身患多种疾病，几次病危。粟永萍只能在晚上把孩子带到实验室，让孩子盖着军大衣睡在实验台上，自己彻夜做实验。她的博士选题难度很大，进展困难重重，多方面的压力让她不堪重负，甚至想退学，但一到程天民面前又觉得难以启齿。那时，程天民已经当了第三军医大学校长，他两次让人带信要找粟永萍，但粟永萍都找各种理由没去。程天民干脆直接找到粟永萍家。第一次人不在，第二天他又去。看到面前的导师，粟永萍忍不住大哭。程天民听她说完，也把自己的经历讲给她听，并告诉她：一个人的一生要经历好多好多事情，要挺得住，不能有一点事情就想不开，要善于处理各种问题和矛盾。之后，程天民让自己的女婿周林给粟永萍的母亲看病，他自己常常找粟永萍谈心。在程天民无微不至的关心下，粟永萍的博士论文经过多次修改，顺利通过了答辩。粟永萍后来接任全军复合伤研究所所长，成绩卓著，已于2012年晋升为技术一级、文职一级教授。

程天民在2003年到沈阳参加全国创伤学术会议后，去沈阳军区总医院参观学习。该院副院长、心血管内科主任韩雅玲见到他第一句话就说"感谢程校长的知遇之恩"，让程天民一下不知何故。原来1987年，程天民任三医大校长的时候，韩雅玲从基层医院报考三医大的心内科硕士研究生，分数很高，却因名额有限未被录取，别人建议她找程天民。程天民看了她的考分，了解了她的经历，认为应该录取这样的优秀人才，遂出面要求总后勤部专门增加一个名额。韩雅玲就这样被录取了，硕士毕业后转到第二军医大学攻读博士（当时，三医大心内科尚不是心内科博士点）。她在沈阳军区总医院工作，奋发努力，做出突出成绩，荣立一等功，担任了全军心血管内科专业委员会主任委员，2013年当选中国工程院院士。

改革开放之初，出国留学还没有怎样放开。三医大的一些年轻学者要求出国深造，上级部门审核时首先考虑他们"能不能回来"，有时提出要程天民校长签字，担保他们一定回来。其实，程天民也了解能否回来取决于多种因素；然而，他毅然签了字，使一些青年学子得以顺利出国学习。当然后来，多数人回来了，少数人没回来，上级也没有追究。这是因为，程天民从粟永萍、王亚、韩雅玲等同志身上，感到关键时候"拉一把"，可能改变他们一生的命运和发展。无论对个人还是对军队、国家来说，惜才、爱才这四个字太重要了。

1988年，61岁的程天民辞去第三军医大学校长职务，推荐比他年轻5岁的李士友担任校长。1995年，程天民作为三医大的老领导，向总后勤部政委周克玉和总后卫生部部长陆增祺建议，将总后卫生部科训局局长王谦调任三医大副校长。李士友、王谦都不是三医大出身的，程天民本人同他们并无私交，三医大本身也有些同志"瞄"着校领导的位置。而程天民完全出于公心，唯贤是举。总后勤部党委经考核后采纳了程天民的建议。李士友任校长后坚持"两个取胜"，在诸多方面均有建树；王谦副校长接任校长后提出进一步凝聚人心，坚持内涵式发展，也推进了学校的建设、发展，后来晋升为总后勤部副部长。

程天民认为，作为教师要以爱才、育才之心对待学生，作为领导要以识才、惜才之心对待同志，不仅要做好本职各项工作，同时要把接班人的培养和选拔放在心头。任何层次的领导职位、业务科室和党政部门，都要以对事业负责、对同志负责的公正心态和广阔胸怀，爱才、识才、用才、荐才，使事业后继有人、持续发展。

六、师生情连着母校情

祖国、母亲、故乡、母校，历来都是最令人热爱、怀念和向往的。在校学生以最珍贵的年华，学得知识才能，获得全面发展；毕业离校后，作为校友，随着时间延长，更会回忆往事，想念母校。母校与校友心连心，校友为母校的发展而自豪，母校因校友的成就而欣慰，而这种深情是与学生怀念老师分不开的。

程天民作为从三医大前身毕业留校任教的老师，更加热爱三医大，更加热爱自己的学生。他尽力讲好每一堂课，尽力让学生学到更多的理论知识和技能。三医大在20世纪五六十年代主要招收培养部队在职干部，这些"老同志"早年参军入伍，在战争年代没有条件学习，能进入大学特别不容易。他们有救治伤病的实际经验，但缺乏系统的理论知识。程天民为他们上病理课时，常调研学生在以往的工作中遇到哪些医学问题，在课堂上联系实际加以讲解，深受学生欢迎。总后勤部政治部召开先进党支部经验交流会时，程天民作为基础教研室的党支部书记与学生队的党支部书记们一起赴京开会，在两天多行程的火车上还为学生上课，以免他们因外出开会而耽误功课。

为了培育高素质军事医学人才、延续防原医学事业的希望，程天民更是把所有学生和同志当成亲人一般关心、爱护，用一言一行和人格魅力，把大家紧紧地团结、凝聚在防原医学事业里。当年，曹佳留学德国期间写信给程天民，希望能在回校后跨专业报考程天民的博士研究生。程天民很快给他回信，表示"集天下英才而教之，其乐无穷"，并为他寄去防原专业的复习资料，还专门跟学校协调，争取曹佳返校考博的特例机会。全军复合伤研究所的邹仲敏携妻带女留学回来之后，孩子需要插班读小学，但由于国内外课程设置的差异，他一时拿不准该让孩子读几年级。程天民买来了小学四、五、六年级的全套教材，让他看看再决定孩子上哪个年级更合适。之后，邹仲敏的女儿升初中时，语文考试的成绩不理想，程天民又联系到重庆市教委的领导，根据重庆市对留学归国人员的相关政策，妥善解决了邹仲敏孩子的入学问题。程天民常说："我老了，但还可以做一些'修桥铺路'的事，目的就是让你们一心放在工作上，少一些后顾之忧。"他细致入微的关怀让这些归国的优秀人才深切感受到：有程天民在，回来如同回家。

三医大的毕业生遍及各地，"桃李满天下"。不少地区召开三医大校友会时，都热情邀请既是老师又是校长的程天民参加。程天民参加了北京、天津、成都、广州、大连、上海等地的校友会。很多满头白发的毕业学员从干休所赶来相聚，紧紧握着程天民的手连声说："老师，您好！"并一起回忆当年他们听程天民讲课的情景，对程天民边讲边画大叶肺炎、肝硬化、肺结核等等，还记忆犹新。程天民在校友会上说："人们常说，在大学办学、教书，不大富有，比较清贫，甚至'教授教授，愈教愈瘦'。但师生之间的那种真情，是从事其他工作难以体会、感受、享受到的。"

1988年，程天民赴京参加全军后勤工作会议，原定1月16日开完会后留一天办事，在1月18日返渝。天津的三医大校友却趁机召开校友会，请程天民参加，由此使他避免了"1·18"重庆空难事件（1988年1月18日，北京至重庆的航班失事，乘客与机组成员100多人全部遇难）。校友的真情让程天民免遭空难，曾一时传为佳话。

第|六|章

大道康庄三医大

一、接任校长，着力解决
历史遗留问题

　　第三军医大学在以往多届校党委领导下，经多年建设、发展，取得很大成绩，奠定了良好基础。程天民于1986年接任三医大的第五任校长兼党委书记，既要继承、发展原有传统优势，解决历史遗留问题，又要根据新的形势，谋求新的发展。为此，程天民在上任后的第一次全校干部大会上作了题为《团结一致向前看》的报告，把"团结"作为校风（团结、求实、勤奋、奉献）的首条，并大胆任用了广大群众公认的几名干部，增进了全校团结、人和的氛围。

　　除存在"文化大革命"残余派性的影响外，还存在一些时间久、影响大、涉及面广的历史遗留问题。如果不解决，将影响学校的安定团结与和谐发展。

　　国民政府时期的国立中正医学院本是第三军医大学前身之一，然而学校的不少同志、特别是一些老同志因难以接受"中正"之名，不予同意，不承认中正医学院的毕业生是三医大的校友。原在中正医学院工作过的一大批骨干教师，实际上成为第六军医大学的主力，但被有些人认为是被"接收"过来的。由中正医学院毕业的许多知名专家教授不愿也不敢与第三军医大学联系。这成为严重影响学校团结、干扰人和的历史遗留问题。程天民接任校长后，认为必须以尊重历史、促进人和的积极态度进行解决，为此做了一系列的工作，向学校的同志介绍中正医学院的实际情况，以及毕业生中多位有突出贡献的、爱党爱国的知名专家学者，并向总后勤部领导汇报。在这当中，程天民还特别提到了一个真实的故事：中正医学院第六届毕业生谭铭勋，任北京协和医院神经内科主任，担任中央领导人的保健工作。周恩来总理问他是哪个学校毕业的，他总是支支吾吾。一次，周恩来陪同越南领导人胡志明来看病时，又问谭铭勋，他不好意思地说："是中正医学院毕业的。"周恩来哈哈大笑，说："你这个人啊，我还不是在蒋中正任校长的黄埔军校工作的吗？"就这样，中正医学院作为第三军医大学的前身之一得到总后领导的认可。随后，程天民于1986年底以学术论文报告会的形式，邀请数十位由中正医学院毕业的老校友来校。这些老校友热泪盈眶地说："终于回到了母亲的怀抱。"由此，在校史档案"学校历史沿革"中正式确定了这样的记载："华中医学院由第四野战军医科学校和南昌医学院合并而成，南昌医学院的前身是1937年成立的国立中正医学院。"

江西南昌于1949年5月22日解放，随后，中正医学院改名为南昌医学院。同年8月间，华中军区和江西省政府决定第四野战军医科学校与南昌医学院合并，称华中医学院，成为军事院校。在校的原南昌医学院（中正医学院）的学生转为军校学员，享受供给制待遇，理应确定那时即为这批学员参加革命的时间，但在学生登记表上按当时学校的一次口头通知，一律填为1949年10月1日。学员们曾因将新中国成立之日作为自己参加革命的时间而引以为荣。后来，国家和军队出台政策，将1949年10月1日作为确定离休、退休的时间界限。随着这些当年的学员陆续达到离退休年龄，这个问题就变得越来越突出了。一些老同志对这些老学生说："你们没有打过仗，还想离休啊！"程天民认为，这是一个政策和历史问题。这批学生在新中国成立前入学，积极参加爱国学生运动，南昌解放前夕勇敢护校，把中正医学院完完整整地交给新中国。全军的军事院校均规定学生录取入学即参军，而那时新中国尚未成立，这批中正医学院的学生自愿转入军校，却不能算作参加革命，于情于理都讲不通，也不符合历史事实和政策规定。程天民多次上书总后勤部领导，并请原华中医学院领导作证明，要第三军医大学干部部门认真查阅历史档案。经过反复争取，历经周折，总后勤部党委于1990年终于做出决定（〔1990〕政干字1988号文件）：原第六军医大学高一期至高五期5个年级共290名学生参加革命的时间定为1949年9月。由此恢复了本来的历史事实，也极大地调动了这批同志的革命热情。

二、"两个取胜"的办学思想，催生"三三效应"

走进第三军医大学的西校门，首先映入眼帘的便是镌刻在巨石上的10个军绿色大字——"以质量取胜　以特色取胜"。这是第三军医大学30多年来一直延续的建设发展基本思路，也是数十年建校史上一块坚实的柱石。"两个取胜"办学思想的提出者，正是20世纪80年代中期任校长和党委书记的程天民。

三医大以往的多年建设，打下了很好的基础，而程天民接任第五任校长时，又面临新的形势和困难。当年，学校的整党活动刚刚结束。经过大幅度调整后，上届校领导班子的8名党委常委只留下了程天民1人，各部、院、系的主官也调整了约70%；他这一届领导班子没有配备政委，只有1名副政委，程天民既担任校长又兼任党委书记。同时，军队从1985年起精简整编，裁军百万。程天民上任时正是裁军高峰期，军医大学更是那次编制裁减的重点单位。1986年，学校一次性减少了400多名干部。按照编制比例，学员定额、病床编制、办学经费都相应减少了，招收的各类学员加起来只有971人，3所附属医院的病床总数压缩到了1450张。

而二医大、四医大都是实力强大的老校，并有地处省会城市的优势，在西安的四医大还得益于"秦始皇"；一医大虽历史不长，但地处改革开放的前沿城市广州，在各项政策支持下，发展势头快；三医大的办学实力属于居中水平，地理位置更没有优势。那时的重庆，交通不便，经济发展滞后，学校附属医院的住院收费甚至比当地最普通的旅馆收费还要低。所以，程天民接任时的三医大面临的发展形势，比其他几所军医大学更加严峻、残酷。

就全国形势而言，很多地方院校都在增加招生数量、扩大办学规模。而作为军队院校，不仅不能扩大规模，还必须不断压缩编制，以服从大裁军的全局需要。

那时，更让程天民忧心的是校内人心不稳，"文化大革命"遗留的派性残余和一些历史遗留问题还没有很好解决；学校从上海迁回重庆后，很多干部的孩子都留在了上海，他们的生活和工作等现实问题都牵动着远在重庆的父母的心，不少干部要求调到上海工作；在"文化大革命"期间，学校招收了大量短学制学员，他们毕业后在学校的教学、医疗、科研队伍中占了较大比例，而20世纪60年代毕业的本科生太少，导致学校教、医、研力量的基础和素质相对较弱，缺乏40岁上下的技术骨干，业务梯队青黄不接，科研人员结构比例失调。除此之外，总后勤部号召支援第一军医大学建设。广州优势资源的吸引力，更加剧了学校优秀人才纷纷"孔雀东南飞"的明显趋势。

在这种情况下，三医大该怎么办？

为了稳住人心，程天民向全校发出"正确认识三医大、热爱三医大、振兴三医大、建设三医大"的号召，利用各种机会在不同场合反复强调：尽管我们面临许多困难，但学校经过几十年的

程天民（右）与时任第三军医大学副校长黎鳌商谈工作

建设是有基础、有优势、有潜力的。只要全校同志团结一心、奋发图强、励精图治、艰苦奋斗，虽无力改变天时地利，但经过努力是可以做到政通人和的；只要我们发挥有利因素，在困难中求进取，在竞争中求发展，一样可以创一流学科、出一流成果。以此来引导大家正确认识形势，增强发展的信心。

由于信息闭塞，学校的科研工作长期依赖军队拨款和指定项目，缺钱、缺项目使科研队伍的积极性不高、科研成果少。程天民认为，根据中央关于改革科技体制的精神和形势的发展，单纯依赖上级拨款，等、靠、要，这样的日子会越来越过不下去。整个学校是这样，每个学科也是这样。他强调："科研必须注重提高自我发展能力和技术竞争能力，多渠道申请科研经费。"

在学校条件很困难的情况下，程天民和后来接任校长的李士友提出"领导和机关干部在生活上要慢半拍"，要为教学、医疗服务，为教职员工服务。当年全校最好的车是一辆黑色的"皇冠"，而且就只有这一辆。学校领导都没有专车，都是从车队派车。后来，总后勤部给学校配发了5辆"皇冠"轿车，作为校党委常委的工作用车。程天民把其中3辆直接分给干休所，保障离退休干部的日常生活，把另外两辆留在车队给校党委公用，并把需要特别关照的教授名单交给车队，强调优先保证他们的用车需求。为了保障好教职员工的生活，除了过年过节时亲自叮嘱校教务处给全校教师发放糖果和小礼品外，他还让有关部门为教研室的每个人都配发了一把有靠背的藤椅。虽然10块钱一把的藤椅不算什么，却真正体现了程天民对教职员的尊重和爱护。

学校内部的环境和氛围在程天民的努力下开始逐步好转，大家逐渐建立起了对新校长的信任，但程天民深知，学校的生存危机并没有消除。必须有一个适应形势需要的办学指导思想，才能尽快打开新局面；必须让大家知道到底走什么样的路，才能真正凝聚起人心士气——"两个取胜"的思路，在形势、困难和机遇的多重挑战中呼之欲出。

为了探索军医大学的办学发展道路，总后勤部于1986年、1987年两次在广州第一军医大学召开医学院校改革会议，推广一医大"自我造血"的经验。

然而，程天民心里非常清楚，一医大的办学模式对三医大来说是缺乏现实基础的。三医大在地理位置、经济基础和政策环境等方面与一医大相比是没有可比性的，不可能移植套用。

经过冷静分析，程天民发现，三医大面临的根本问题与当年的防原医学教研室有异曲同工之处：如何在困难的条件下寻求发展道路？

1986年12月26日，在第三军医大学全校干部大会上，程天民首次提出了"以质量取胜、以特色取胜"的办学战略思想。他指出，根据全军精简整编的形势，学校的规模不可能像地方一些医科大学那样不断扩大,要确立"以质量取胜、以特色取胜"的战略思想,在提高教学、医疗、科研质量上,在提高学术地位上多下功夫;要把学校建设成为具有我军特色的第一流医科大学,不仅应有一流的科技师资队伍、一流的管理水平、一流的设备条件,还要出一流的学生,出一流的医疗质量,出一流的科技成果,而且,这些都应具有"我们中国人民解放军的特色,具有军医大学的特色"。

为了进一步提高大家对学校发展定位的认识,程天民考虑,全国有1000多所高校,医学高校就有100多所,不能只把自己放在军队院校这个层面来思考如何办学,还应该把自己放在全国的高校中去衡量。为此,1987年春天,他带领学校训练部、政治部、校务部和3所附属医院的主管领导顺江而下,实地访问了武汉同济医科大学、上海医科大学和第二军医大学3所国内知名的重点医科院校。在这3所院校中,武汉同济医科大学早年由德国人创办,至今仍以德语作为学校的主修课程,与德国医学界的交往较多,受德国医学院校办学经验的影响比较大;上海医科大学侧重英语教育,与英国和美国有经常性的业务往来,办学上吸收英美医学院校的经验比较多;第二军医大学是军队系统的重点院校,具有较强的实力,在医学研究某些方面也走在军队院校前列。所以,从某种程度上说,程天民选择的这3所重点院校代表了当时国内医学教育界的特色和水平,具有比较典型的学习、参考价值。

半个月的调研让程天民感触良多。如果把三医大与地方重点医学院校来作比较,武汉同济医科大学和上海医科大学都有很长的发展历史与丰富的办学经验,获取经费支持的渠道和途径多,从事科研工作的人员也很多,当年这两所学校专门从事医学研究的人员编制分别为600多人和900多人。而三医大合校不到30年,绝大部分经费来自总后勤部的拨款,科研编制受限于军队编制,专职科研系列总共只编配了35人。所以，无论是办校规模、招生数量，还是经费来源、编制人数等方面，三医大和地方重点医学院校是不可比的，要全面赶上全国的知名大学、重点院校是不太可能的，这是必须承认的客观事实。

可是，衡量一所学校办得好不好的根本标志不在于学校的规模有多大，关键取决于培养的人才水平怎么样、出了多少成果。就学校几十年发展积淀的基础来看，三医大在培养研究生、本科生的质量上，在获取国家级和省部级科研重大成果上是可以比得上的。而且，军队有大力协同的群体优势，如果能够发挥1+1＞2的效应，提高人才培养和科研的劳动生产率，就能用有限的教育资源出更多人才、更多成果。所以，三医大在出人才、出成果方面是有竞争实力的。

军医大学办学与地方医科大学相比有什么不同呢？程天民认为，军队之所以要办军医大学，最根本的还是要解决军事医学的问题。如果军医大学不突出军事医学、不研究军事医学，都和地方大学一样了，又何必要单独来办军医大学呢？不能因为当前处于和平时期就不搞军事医学，如果打起仗来该怎么办？军医大学不搞军事医学还有什么存在的意义呢？因此，军医大学应该以军事医学为特色，突出特色就是应该突出军事医学。这是完全可能的，并且是必须做到的。

1986年12月26日，程天民在全校干部大会上明确了"两个取胜"对学校建设发展的战略指导地位。1988年8月，程天民在亲自主持制定的《1988—1990年建设发展规划》中鲜明指出："创办第一流医科大学，就是要把我校放在全国高等医学院校中去比较。根据全军精简整编的形势，我们不可能同地方重点医学院比规模的大小和编制人数的多少，而应当在对国家、对军队的贡献上，在发挥教学中心和科研中心的作用，即出人才、出成果上，以及在社会的学术地位上去竞争"，明确"在学校建设的指导思想上应当确立'以质量取胜、以特色取胜'的战略思想"。从此，"两个取胜"正式成为第三军医大学的办学战略思想。

"两个取胜"的办学战略思想具有十分丰富的内涵。程天民强调，质量与特色是紧密结合、相互依存的，质量是特色的基础，特色是质量的体现。没有质量的特色，形不成真正的特色，也不可能具有生命力；没有特色的质量，不易体现质量的内涵和价值，也缺乏创造性和竞争力。因而，军医大学办学的质量和特色是不可分的，只有具备高质量的特色，"才能更好地为军队建设服务，才能为发展医学科学做出创造性的贡献，才能提高学术地位"，两者共同决定军医大学办学实力的强弱以及在竞争中能否取胜。

具体来说，"以质量取胜"就是学校的建设发展不依赖扩大规模、增加编制，而是要实现教学、医疗和科研的高质量，以及管理、服务和思想政治工作的高质量，实施高质量的科学管理，培养高质量的人才，创造出高质量的科技成果和效益。"以特色取胜"就是不搞平铺直叙、面面俱到，而是根据国家与军队的需要以及学校的实际有舍有取，打牢原有基础，集中力量，突出重点，在若干重要领域形成特色、形成优势、取得突破。

作为学校的整体发展战略，程天民认为"两个取胜"还应当体现在不同层次上。首先，应当具有军队专业技术院校的特色，从军队现代化建设的实际需要出发，突出"军"字，全面提高办学水平；其次，应当具有军医大学的特色，全校要以军事医学为特色；最后，质量和特色又主要依赖并体现在学科与人才上，即具有特色专长的、高质量的学科和人才。要把学校的3所附属医院办成各具特色的综合性教学医院，各个学科要在全面提高的基础上具有自己的专业特色、专科特色，科技干部要在打好基础的前提下具有自己的专长。

"两个取胜"的办学战略思想提出后，极大地激发与调动了全校上下的积极性和创造性，教学、医疗、科研工作焕发出了新的活力，学校面貌为之一新，实现了办学发展的全新突破。"两个取胜"是第三军医大学办学理念的一次大飞跃。它既是对过去办学思想的肯定和反思，更为今后的发展指出了清晰的方向，20世纪90年代就在军事医学领域产生了"三三效应"，即：获得了三项国家科技进步奖一等奖，建成了三个国家重点学科（烧伤医学、野战外科学和防原医学），产生了三位中国工程院院士。三医大的"三三效应"传为名扬军内外的佳话。

直至今日，程天民提出的"两个取胜"办学思想，得到了学校连续7届党委的一贯坚持和发展，历经28年的实践检验和丰富拓展，已经成为深入人心的发展共识和传家宝，并在2009年被正式确立为第三军医大学的校训。

在"两个取胜"思想指导下，三医大的整体办学实力和影响力明显增强，在军事医学领域取得以获5项国家科技进步奖一等奖、出3名院士为代表的突出成就。三医大突出的军事医学特色和优势，得到了国家教委和军委总部机关的充分肯定。总后勤部两次在学校召开现场会推广经验，认为"两个取胜"恰如其分地回答了院校办学的深刻问题，是解决军医大学发展问题的正确路子，为军医大学的办学发展提供了宝贵经验，总结出了一条正确的办学道路。国家教委高教司、国务院学位办和中国高等医学教育学会多次组织专家来校考察，并连续两年在学校召开高等医学教育研究及管理会议，认为"三医大在高等医学院校的激烈竞争中，依托自身优势，形成并发展军事医学，培养出高质量军医人才，从而带动了学校整体办学水平的提高，创造出一种新形势下发展高等教育的新型办学思路"，"三医大的军事医学特色在全军乃至全国有着举足轻重的作用"。

因此，程天民提出的"两个取胜"办学思想使第三军医大学在不占优势的地域环境中，走出了一条既符合党的要求，又契合军队建设方针和中国高校发展战略、符合三医大实际、经过二十

　　程天民在1986年12月26日召开的第三军医大学全校干部大会上，首次提出"以质量取胜、以特色取胜"的办学战略思想，确立全校以军事医学为重点和特点

"两个取胜"作为第三军医大学的校训，镌刻在校园的巨石上

几年的实践证明完全正确、为中央军委和总后勤部以及军内外专家、院士、大学校长所广为认同赞扬的办学治校之路。2011年，中国工程院院长周济（教育部原部长）来校考察后说："我国的教育，几十年搞来搞去，还不就是要'质量''特色'这四个字？"时任总参谋长陈炳德上将来校视察后说："全军院校就是要办出质量、办出特色。"

三、高滩岩上"扩"出新校园

第三军医大学的所在地叫作高滩岩。全国解放初期，西南军区司令员贺龙派出一个工程团将高岩高地铲平，开出了一块相对平坦的地方建设军医大学校园。但是，这片地的面积不够大，限制了学校和毗邻的第一附属医院（西南医院）的发展。另外，校园内还"包裹"着一个农民的生产队，叫作荒沟生产队。生产队的70多家农户就生活在校园里面，他们平时上街、上学都从学校里进进出出，给学校管理和安全保卫带来极大困难。对此，程天民萌发了征地的想法：不如把农户的土地征过来，扩大学校的面积。

1985年11月全军医学科学技术大会期间，还是副校长的程天民向总后勤部部长洪学智汇报了三医大举办国际烧伤会议的情况，并提出拟向农民征地的想法。洪学智原则上表示同意，但要求进一步调研后再决定。1987年4月，洪学智带领工作组到学校考察。程天民再次向洪学智提出学校拟征地扩展发展空间的想法，并绘制了大幅的学校地形和发展规划挂图，向首长汇报学校发展面临的限制和未来的发展前景。洪学智经过考虑，同意了程天民的想法，并强调一定不要留下后遗症。总部领导的应允给了程天民很大的信心和鼓励，他马上开始着手做重庆市政府方面的工作。程天民没有直接找重庆市领导谈困难、提要求。他考虑到当时重庆的经济不发达，很多老百姓看病都没办法支付医药费，几年下来拖欠了三医大好几百万元医疗费，所以，集中宣传三医大对重庆市的贡献：为重庆市诊疗了多少病人、培养了多少人才、取得了多少成果，言辞中肯，事事都在理上；并且，强调三医大的发展也是增强重庆市的医疗教学和科技力量。

洪学智非常关心三医大，在答应给学校下拨征地经费之后，专门委派总后勤部纪委书记郝德章到重庆进一步了解情况，争取重庆市方面对三医大征地的支持。有一天，程天民正在主持召开校党委常委会，突然接到洪学智亲自打来的电话。他对程天民说："军委杨尚昆副主席要到重庆来。你去找他，请他同重庆市委说说，对你们学校征地给予支持。"就这样，在总后勤部领导的亲自关心和大力支持下，经过学校多方努力，时任重庆市市长肖秧同意三医大以350万元征了337亩土地，并在1987年就划了"红线"，办完了征地手续。

不过，在具体处理农户安置问题时就不那么顺利了，程天民遇到了不少阻碍。当时，学校和农民反复谈判，但仍旧有农民带着老人、小孩坐在学校办公楼门口，从天亮坐到天黑，还把浇上粪便的大石条放在学校大路中间，干扰学生上课和干部上班，不断给学校施加压力；西南医院传染病楼开工的时候，有的农民不仅阻止开工，还把施工的工具抢走了。面对这些具体的矛盾，程天民感到必须在安置处理上更为慎重。虽然给了农民征地费，但农民一辈子主要依靠土地，没有土地也就没有生活来源。被征地农民主要关注的，一个是居住问题，另一个是工作问题，所以，必须妥善解决这两个问题。为此，程天民他们请重庆市在350万元的征地费中专门拨款修建了两幢农民公寓，并在后任校长李士友的继续努力下，决定给每家农户一个"农转非"名额到学校当工人。就这样，程天民的征地之举没有留下任何后遗症，圆满地完成了以350万元征得337亩土地的任务。

当新征的土地被依山就势地拉起围墙时，全校的教职员工们都兴奋不已。三医大自合校以来第一次有了如此大的面积，这意味着学校有了进一步发展的地域空间，校园秩序和安全状况有了根本性的改善，全校上下对学校未来的发展充满信心。现在，三医大第一附属医院感染科大楼、门诊大楼、复合伤实验楼、辐照中心、学校综合楼等，都是在这块土地上逐步建设起来的。程天民当年的远见卓识和艰苦努力，给学校提供了建设发展的良好条件。

四、培育传播三医大的文化基因

校训和校风。1987年，三医大党委根据当时的情况，将"团结、求实、严谨、勤奋"作为校训。2007年召开第十一次校党代会时，根据新的情况，程天民建议把校训改为"求实、创新、勤奋、献身"。2009年，学校党委经反复征求全校同志意见后，决定将"以质量取胜、以特色取胜"作为校训，并将"求实、创新、勤奋、献身"作为校风。

校徽。程天民设计、经学校领导同意的第三军医大学校徽，充分体现了三医大的性质和特色。古希腊伟大诗人荷马，赞颂民间医生阿斯扣雷波为伟大的医生，手持一根绕着灵蛇的神杖，为人治病。神杖表示云游四方，灵蛇是健康长寿的象征，因此，后世为纪念这一神医和灵蛇，将"蛇绕拐杖"作为医学的标志。世界卫生组织、中华医学会等都用它作为标志。程天民将剑代替拐杖，用八一军徽代表军校，剑和蛇代表军医。其中，剑把上的

"Ⅲ"字代表三医大，交叉的两条蛇代表三医大由第六、第七军医大学两校合并而成。剑尖插在山上代表三医大坐落于山城，山下二江即长江、嘉陵江。

京剧。2004年，为纪念第六、第七军医大学合校40周年，程天民满怀深情地创作了名为《大道康庄三医大》的京剧唱词：

赣江流，嘉陵水，汇合大江。

六医大，七医大，源远流长。

随大军，战中原，挺进西南后方。

跨松辽，入关内，转战南北战场。

群英才，众园丁，来自天府与南昌。

弹指间，四十年，高滩岩上。

育人才，出成果，桃李芬芳。

为祖国，为军民，救死扶伤。

忆往昔，创业维艰；看今朝，更创辉煌。

奔腾急，三医大，大道康庄。

以后，"大道康庄三医大"就成为许多宣传报道的标题或主题词，也为创作第三军医大学校歌，提供了思路和文辞方面的基础。

校歌。2008年，程天民受校党委委托，撰写了三医大校歌，歌词如下：

长江之滨，嘉陵江畔，屹立着中国军医的殿堂。

医学之星，军旗之光，光荣传统，源远流长。

跨越松辽，决战太行，汇合于西南大后方。

名师荟萃，群星灿烂，我们纵横在科学的海洋。

求实、创新、勤奋、献身，奋勇前进，前进三医大，

大道康庄，大道康庄！大道康庄！

巴渝大地，歌乐山下，屹立着中国军医的殿堂。

育人为本，桃李芬芳，科学发展，指引方向。

听党指挥，服务人民，英勇善战，救死扶伤。

质量取胜，特色取胜，攀登医学高峰，铸造新辉煌。

求实、创新、勤奋、献身，奋勇前进，前进三医大，

大道康庄，大道康庄！大道康庄！

学校聘请总政歌舞团著名作曲家刘青谱曲。刘青来三医大考察体验，程天民与他深入切磋，形成了体现三医大自身特色的、词曲协调的校歌。

书写校名。第三军医大学的校名曾有多个"书写版本"。校党委要程天民写，他反复练习写出后刻在校门上。程天民认为，大学的校名由本校校长写出固然很好，诚如秦伯益院士所说："现在，大学题校名都是请领导、名家，这不稀奇。稀奇的是学校的校长给自己题校名。"但程天民当时因感到"任务太重"而写得拘谨，自己也不满意。中国工程院的院名改用苏东坡字体后受到欢迎，程天民受到启发，主动向校领导建议，校名也改用苏东坡字体，并从苏东坡的字帖中选出"第三军医大学"六个字，扫描后上交校党委定夺，经同意后刻制在学校的大门上。现在苏体的三医大的校名就是这样来的。

老年文化。20世纪90年代，三医大成立了第三军医大学老年书画研究会，程天民被推选为会长，组织老教授、老同志及老夫人们学习书法、绘画、诗词、篆刻，在曾道扬、李默、吴建瑞和周载之等同志共同努力下，不断学习、创作、交流，取得了很大进展。从来没有拿过毛笔的老同志泼墨挥毫，频出佳作。程天民后来又组织发起并建议学校成立老干部学院，分设书画班、摄影班、舞蹈团、合唱团、京剧班、门球队等，使老同志老有所学、老有所为、老有所乐、益寿康年。这些有益的活动，突出地丰富了校园文化，提高了老同志们的文化素养，并促进了全校的安定团结。三医大也成为全军和重庆市高校开展老年文化最好的单位之一，受到赞誉。

程天民对三医大校训、校风、校徽、校歌、校名和老年文

化等所作的思考与创作，体现了他对三医大的深刻理解和挚爱真情，也是对三医大另一方面的贡献。

五、对外交流，扩大影响

程天民以三医大副校长、后来以校长名义展开多方面的交流活动，改善内外活动空间，扩大学校影响。

程天民曾邀请时任中华医学会会长、中国医学科学院院长、协和医科大学校长吴阶平教授来校视察指导，并为全校作题为《青年医生的成长》的学术讲座。为发挥三医大在创伤医学方面的优势，并促进全国创伤医学的发展，1986年6月，程天民与黎鳌、王正国、李起鸿等人谋划，要在中华医学会外科学会中增设创伤学组，为以后成立创伤学会奠定基础。为此，程天民亲自给吴阶平会长写信，并到北京拜望外科学会主任委员、协和医院的黄萃庭教授。吴阶平会长亲自给程天民复信，表示热情支持。创伤学组成立后，由黎鳌教授任首届组长，开展了一系列活动。为时不久，就成立了中华医学会创伤学会，挂靠在三医大，先后由黎鳌、程天民、王正国、蒋建新连续担任了7届学会主任委员。创伤学会主办的《创伤杂志》，即以后的《中华创伤杂志》，由三医大野战外科研究所主办，同时出版英文版，成为"中华系列"少有的几家英文版杂志之一。这样，三医大有了野战外科研究所的研究实体，也有了全国性的学会和"中华系列"的杂志，相互结合、相得益彰，形成了三医大在全国创伤学会的引领地位。随后，野战外科研究所、烧伤研究所和复合伤研究所共同申报，获得了全军第一个国家"973"重大项目，并共同建设了全军第一个国家重点实验室——创伤、烧伤与复合伤重点实验室。

程天民积极开展对外交流。1988年，他作为全军4所军医大学校长的唯一代表，参加中国军医代表团访问了美国、加拿大；在重庆接待了以美军助理国防部部长W.Mayer博士为团长的美国军医代表团，会见了美国陆军军事医学研究与发展司令部G.Rapmund少将，并接待了其他国家的参访者。通过这些交流，学习了先进理念，了解了相关信息，扩大了学术影响。

在国内，程天民也邀请多位著名专家来校参观访问。例如，邀请曾在国立中正医学院执教的国际著名生物学家牛满江教授来校参观指导，并聘请他为学校名誉教授。

程天民的故乡江苏宜兴市、宜兴归属的无锡市和江阴，出了400多名大学校长。程天民作为第三军医大学原校长兼党委书记，应邀参加了江苏无锡市政府和江南大学主办的首届无锡籍大学校长论坛，在会上作了关于"两个取胜"办学思想的报告；在中国工程院院士大会期间，向工程管理学部的院士作了以"两个取胜"办学治校的报告；应第四军医大学邀请，在该校干部大会上作了关于"两个取胜"的由来与实践的报告。这几次报告深受欢迎，也扩大了三医大的影响。

程天民多次在国内外作学术报告，涉及防原医学、烧伤医学、创伤医学和人文科学，内容深邃，语言精彩，获得一致好评。他因多方面的科研、教学成就，被中华医学会创伤学会、烧伤学会和医学教育学会分别授予"终身成就奖"。

第七章

闪烁思想之光，
磨砺思维之剑

一、教学实践升华为教学思想

程天民在长期的科教研究与实践中取得了多方面的成就，主要概括为：阐明了核武器的杀伤作用与防护原则；系统深化了核武器损伤的病理学研究；引领了复合伤发病机制与救治的研究；开创了我国贫铀弹伤害及其医学防护的系列研究；拓展了创伤难愈机制与促愈的研究；发现并命名了"骨髓巨核细胞被噬现象"；开拓了军事医学教育的进一步改革，创建了军事预防医学这一新学科，并编著了多部重要专著。这些成就和贡献，无不闪烁着他作为科学家、教授和校长的智慧之光。

程天民在军医大学从1950年当实习助教执教，迄今66年。他忠诚党的教育事业，潜心教学工作，深化教学改革，坚持教书育人，在长年的教学实践中逐步形成了自己的教学思想。教学实践升华教学思想，教学思想指导教学实践。程天民的教学思想主要包括：

其一，教师与学生的关系是教师为主导、学生为主体。两者矛盾统一的主要方面是"学"，固然需要由教而学，但学生学到知识，不受教是可以的，自己不学习则是不行的。教师固然要努力地教，但再好的教师也是外因，只有通过学生这个内因才能起到教学的作用。教师的主导，主要在于引导学生发挥其自觉能动的主体作用。

其二，坚持全面发展的素质教育，专业课教师在其中可以也应该发挥独特的、不可替代的作用。专业教师要善于寓德育、美育于智育之中。在德育中，要严格要求、严而有格，才能见实效，名师又是严师才能出高徒；要善于结合，不是在业务课上讲政治理论，而是以科学、辩证的思维，严谨、科学的态度讲述专业内容，起到既传授知识，又启迪思维的作用；要为人师表，以自己的学术造诣和人格魅力，耳濡目染、潜移默化地影响、感化、教育学生。

其三，课堂教学即讲课，是在校教学的最主要环节，要努力讲好每一堂课。讲课既是科学，又是艺术，要善于使科学与艺术相结合，把课讲好。讲好课的关键在于备课，备课包括备内容、备方法、备对象、备手段，其中首要的是备内容。要广搜博览，提炼精华。备内容既包括平时积累，与教师的自身学习相结合，还要课前准备，了解学生已学习掌握的基础知识和将要应用于临床的有关内容，前联后引，使学生在原有基础上学得新的内容，并开启以后实际应用的知识窗口。

其四，贯彻少而精原则。正如郑板桥的名言"删繁就简三秋树"，在三秋季节，大部分树叶凋落，显得树干主枝特别鲜明突出。要研究、精选、凝练和讲清主干内容，围绕主干适当展开，而又不喧宾夺主。对一门课、一堂课主干精华内容的认识和掌握，往往体现教师的学术造诣和教学经验。教学要注意启发诱导、留有余地，所谓"满堂灌""讲深讲透""当场全部吸收"可能一时博得学生满意，但这是不可取、不可为的。

其五，尽管已有多媒体教学等很多先进教学手段，但再先进的教学手段也不能完全代替教师对学生面对面的讲解和指导。教学是教和学的双向活动，要互动，要机动。教师讲课要着重在"讲"上下功夫。教学方法要灵活，要实在，要多样化，形成符合教学规律的、教师自己的教学风格和特色，千篇一律的要求是不科学的、有害的。正如京剧"四大名旦"，都受人们的喜爱崇扬，但在演技、唱腔等多方面各具自己的特色和魅力。

其六，大学教育要重视"三基"（基本知识、基本理论和基本技能），要适应学生毕业出校后第一任职的基本需求，并为其继续发展提供扎实的基础。现代科技日新月异，要有选择地将代表发展前沿动向、能启迪学生学习兴趣和思维的内容，作适当介绍。对本科生只强调科技进展而忽视"三基"培训，是不符合大学教学要求的。

其七，研究生教育应不重数量重质量，应贯彻"以人为本"，既重文（学位论文），更重人（研究生这个人）。要力求扩大学习的知识面，增强以后的工作适应性，加强实际能力特别是创造创新能力的培养。要加强一对一、面对面的培养指导，因材施教，教学互动。那种只求数量，按照办训练班那样一次招收一大批研究生的方式是不可取的。

其八，教学与科研的结合及相辅相成，是大学教师成长的必由之路。学校应努力培养造就一支既能教又能研（医）的高素质师资队伍，要努力培养造就出大师。这比建大楼更为困难、更为重要。大学应该是有大师的学校。

二、科研实践锤炼成科学思维

程天民在军医大学长期从事教学、科研和管理过程中，深深感悟到进行科学研究和科学工作，客观的物质条件极重要，但科学思维更重要。物质条件可以创造、可以借用，然而，如果脑子像一盆糨糊，有再好的仪器设备，也作不出创新性成果。要解决好为什么做科研、做什么科研、怎样做科研的问题，辩证、创新思维是科学研究的灵魂。

科学研究要适应国家需求。程天民从病理学转而从事防原医学，使自己的专业与国家、军队重大需求的联系更加密切。他把核试验现场与实验室研究相结合，努力学习、研究防原医学。与此同时，程天民关注国内外军事态势和科技发展的变化，根据客观需求，使研究内容从核武器损伤、核爆炸复合伤扩展到贫铀弹伤害，再到二炮医学，相应地建立起多种医学生物学技术平台，并建立了纳米医学实验室，以适应客观需求和不断提高科研水平的需要。

科学研究必须慎重选定科研方向。在有诸多争议的情况下，他选定复合伤作为研究方向的主要依据是：其一，客观需求。复合伤的发生率很高（我国核试验的动物效应中占50%~80%，日本原子弹爆炸伤员中占60%~80%）。其二，突出特色。国内几家重要研究机构均集中研究放射病，而本科室成立晚，人员少，基础弱，如果跟着它们也研究放射病，将难有出路。对复合伤，别人不搞我们搞，体现了自己的特色。其三，体现水平。复合伤研究难、救治难，"难"说明很多问题尚未解决，存在深入研究、创新发展、提高科研质量和水平的空间。因此，研究复合伤体现了需求、特色和质量。在程天民的主持下，全军复合伤研究所长期艰难而坚定地坚持了复合伤的研究方向，不断做出创造性贡献。程天民任第三军医大学校长后提出的"以质量取胜、以特色取胜"的办学治校战略思想，实际上萌发于对学科建设和科研方向的思考与实践。

科研方向确定难，坚持更难，难在坚持，贵在坚持，成在坚持。能否坚持，有赖于科研人员特别是学科学术带头人与项目负责人的主观毅力、学识和能力；有赖于在科学思维指导下进行总体设计，凝练关键的科学问题，精心组织实施；有赖于不断吸取新理论、新技术，提高科研水平；有赖于适应新的需求，不断拓展、深化研究领域。也就是说，有赖于在科学研究领域贯彻科学发展、与日俱进的精神和策略。

坚持以辩证、创新的思维指导科研实践。客观事物是相互联系的，是不断发展的，在不同条件下是可以转化的。现代科技往往要运用多学科的理论和手段，综合研究才能有所发现、有所创造。程天民主持建设的全军复合伤研究所，分设多个专业组，建立多个技术平台，综合运用了放射生物学与放射医学、病理学、生物化学与分子生物学、免疫学、实验血液学等相互联系的学科专业。程天民本人也充分地将原来的病理学基础与防原医学结合，取得了重要成果。多年来，很多人常将科学研究分为整体水平、器官水平、细胞水平、分子水平等等，并认为分子水平一定高于细胞水平。程天民认为，这些所谓的不同"水平"，实际上是不同"层次"（level）的研究，各有其作用和体现的水平，其间不是相互替代的关系，更不是排斥的关系，而是相互结合补充、综合阐明问题的关系。因而，程天民主持的科学研究，既有宏观的群体分析，又有组织、细胞层次的微观观察，还有分子、基因层次的深入探索。他主张，应努力从宏观（包括现场和临床）发现并提出问题，以宏观与微观结合，侧重从微观研究其机制，再回到宏观解决问题，也就是现代"转化医学"的思想与实践。他还认为，科研人员应努力学习，掌握、运用所研究的领域从宏观到微观的理论、知识和技能，这是反映科研人员素质的重要方面。程天民在病理学研究中，特别注意从光镜、电镜病理切片所展现的多种变化，着力观察其间的联系，从平面推导到立体，从静态变化推导到动态发展，阐明病变特点及其机制。由此，他发现并命名了"骨髓巨核细胞被噬现象"和其他病理变化。他辩证地分析事物的有利与不利方面可在一定条件下转化，从而在放烧复合伤深度烧伤创面移植异体皮方面取得了成功。

程天民认为，科学研究就是从感性认识到理性认识，实践—认识—再实践—再认识的过程，要努力在飞跃、升华上多下功夫。科研中获得的"材料"（感性）是第一性的，由此形成的"观点"是第二性的，材料形成观点，观点统率材料。只有材料丰富、真实，才能据以形成科学、可靠的论点。观察指标不是愈多愈好，而是要体现目的性、针对性、相关性和先进性。因此，要着力科学设计各项观察指标，认真获取真实的结果，进行深入的综合分析，得出科学、有据的结论。程天民正是亲自观察了数以千计的动物效应、数以万计的病理切片，掌握了极其丰富的材料，进而深入分析、升华，形成了创新观点，从而取得了重大科研成果。

提高文字、语言表达能力，作为科研素质和能力的重要体现。科学论文的文字和学术报告的语言，都是思维的反映，是科学思维指导下取得的科研结果的载体和表述。学术论文很重要，因为这是科研劳动创造的结晶，是进行学术交流的载体，是科研成果的体现，是知识产权的依据，要努力把论文写好。学术论文的文字和口头报告的语言应该科学、严谨、简练、达意，并注重文风、文采。论文求真求实求新不求长，要言之有物、言之有据、言之有序，力避冗长、杂乱，空话、套话。进行学术论文交流时，要具有在不同场合、不同规定时间，对不同对象，都能作好学术报告的能力。对"小同行"深入细致，对"大同行""不同行"深入浅出，时间较长，能作有实质内容的长篇报告；时间很短，仅几分钟，也能讲清主要的结果及其水平和意义。这些表达能力，不是一般的"能说会道"，而是科技素质和能力的重要体现，也需要在科研实践中不断学习、锻炼和提高。

三、战略思考与细微处实践并行

程天民认为，战略思维是对事关根本性、长远性重大问题的思维，而这种"重大"是相对的。全球、全国、全军、全党的重大问题，属领袖人物、高层次领导思考处理的范畴；一所高校、一所医院、一个科室在教学、科研的重要领域，也会遇到涉及根本性、长远性的战略问题。学校主管、科室领导、学术学科带头人，也应敢于、善于对本范畴本领域的战略性或带有战略性的重大、重要问题，进行战略思考和实践。既要有宏观对策的思考，又要作细致入微的践行，在思考和践行的结合中，使事业不断发展、个人得以成长。

程天民在1979年由病理学教研室主任调任卫生防疫系副主任兼防原医学教研室主任的时候，认为当时科室最主要的战略问题是选定科研方向。它事关全室为之努力的共同目标、科室存在的价值和发展前景、科室同志个人的发展前途以及本领域创新发展的需要与可能，是科室具有根本性、长远性的重大问题。在诸多争议和困难的条件下，程天民带领全室同志确立以复合伤为研究方向，为此建立了复合伤研究室，奋发努力，边干边建，以干促建，长期坚持，走上了良性循环的发展之路。科室自身的努力取得了成绩，受到领导重视和支持，从而取得更大成绩，更受到重视。现在，第三军医大学的全军复合伤研究所已成为国内领先并具一定国际影响的全国唯一、在国际上也未见类似的复合伤研究所。

程天民在1983年任卫生防疫系主任兼系党委书记时，遇到的影响该系发展的最关键问题是培养对象和目标。三医大早就成立了卫生防疫系，但只举办一些短训班，不计学历或仅为大专学历。很多部队把卫生防疫只看作是爱国卫生运动，搞搞厕所、厨房、食堂等的环境卫生，大多分派将要"处理"的干部来学习，学完回去大多也不做卫生防疫工作，这就严重影响了军医大学卫生防疫系的建设和全军卫生防疫预防医学事业的发展。为此，程天民当时对办好卫生防疫系的首位战略举措，就是有理有据地向总后勤部争取招收培养正规的预防医学五年制本科生。不久这一战略思想得以实现，为随后的发展打下了实质性的基础。程天民担任卫生防疫系主任仅半年时间，主要办成了这一件事，但这是办好卫生防疫系的根本性、长远性、战略性的大事。

1983年，程天民调任第三军医大学副校长，协助校长分管医、教、研等业务工作，工作任务十分繁忙。他科学安排，利用较多时间和精力来了解、熟悉、调查分析三医大的状况，在1984年4月20日召开的校第七次党代会上，作了题为《对我校业务建设设想》的报告，在全校引起了强烈反响。1986年，程天民接任第三军医大学校长兼党委书记，更加重大和艰巨的任务压在他身上。在担任近3年副校长工作的基础上，他更要独当一面地从全局、根本、长远上思考学校的建设和发展。经调研分析和实践，他着力解决了三个重大问题：一是尚有"文化大革命"派性残余和历史遗留问题，而且，重庆的天时、地利不占优势，不少人心想"东南飞"，因此，更要大力做好团结人的工作，号召全校同志团结一致向前看。此外，着力确认了国立中正医学院属第三军医大学前身之一，更正了5个年级学生参加革命的时间；按原则正确使用了一批干部，在困难时期实行生活待遇领导机关干部比科室科技干部"慢半拍"。这些举措凝聚了人心，增强了团结，为学校加速发展创造了良好的思想基础。二是在全国一千多所高校、近百所医学高校的激烈竞争中，不少地方院校在增加招生、扩大规模，而军队院校面临全军百万大裁军，究竟应该怎么办？程天民经反复调研、思考，提出了"以质量取胜、以特色取胜"的办学战略思想，确立全校以军事医学为重点和特色，走出了一条成功的办学治校路子，促进了学校的建设发展。三是学校校园内保留着一个农民生产队，严重影响学校的正常秩序和管理。学校占地面积偏小，也限制了进一步的发展建设。为此，程天民历尽周折，用总后下拨的350万元，征得了337亩土地，拓展了学校发展的地域空间，还没有遗留任何问题。程天民在校长兼党委书记岗位上任职不到两年，干成了这几件大事，正是他思考、谋划、实干和实现办学治校战略思维的结果。

四、战略思维的形成

程天民在教学、科研和办学治校方面的战略思维，主要是通过以下途径、过程而形成、凝练、实践和发展的。

学习政治理论，凝聚思想基础

程天民在党的教育下，在20世纪50年代就开始学习毛泽东著作，从毛泽东著作的论述对照历史发展事实，真诚地敬佩毛泽东不仅是伟大的政治家、军事家，更突出地是伟大的战略家、哲学家。毛泽东作为战略家，每当革命关键时期，总能提出关键战略思想、解决关键重大问题，深深地启迪、教育、引导程天民对关键重大战略问题的学习与思考。程天民很早就反复学习了《实践论》《矛盾论》，受到毛泽东哲学辩证思想的熏陶，用以指导教学、科研实践。1965年，总后勤部召开学习毛主席著作积极分子代表会议，他被选为学习标兵，受到中央军委贺龙副主席和罗瑞卿秘书长等领导的亲切接见。程天民还在政治理论学习中感悟到，必须掌握精神实质，重在联系实际。例如，他认识到毛泽东思想的精神实质是实事求是，邓小平理论的精神实质是解放思想、实事求是，"三个代表"重要思想的精神实质是与时俱进，进而发展到科学发展观，一脉相承地形成了中国特色社会主义理论体系。程天民坚持学习，认真体会，增强了对中国特色社会主义道路的自信，促进了对战略思想的学习、形成和实践。

勤奋学习，勤奋工作，勤奋思考

程天民长期以来形成良好的学习习惯，进入老年虽患严重的青光眼，但还通过多种途径学习新理论、新知识。他勤于工作，力争老有所为。在学习、工作的基础上，他更勤于、敢于、善于、乐于勤奋思考。他在思考中，既重视客观的所见所闻，更注重独立思考，不人云亦云，不讲空话、套话，而是讲自己的话。他不满足于一般的完成任务，总是在完成具体任务的基础上，进行更高层次的深入思考，形成战略性思维指导实际工作。比如，在长期教学实践基础上，创建了军事预防医学这一新学科；在多次参加核试验和实验室工作的基础上，提出和坚持了复合伤的研究方向；在学校多方面工作的基础上，提出了"两个取胜"的办学战略思想。要思考重大问题，必须有"整块"时间。他认为，把整块的有效时间分割、消磨是一种严重的无形的浪费，所以，在繁忙的业务和管理工作中，主动科学安排时间，做时间的主人，着力提高工作效率，腾出相对集中的时间进行思考。他重视集中自己的"兴奋灶"，抓住思考问题过程中瞬时出现的"闪光点"，扩大深化，形成思维，有时朝思暮想、夜不成寐。勤奋出智慧，思考得升华，实践获效益。

程天民在勤奋的工作中，从不计较分内和分外。对他自己的本职工作、由他主持负责的工作尽力做好；对于许多所谓"分外"的工作，他也以共产党员、三医大人的主人翁精神主动思考、积极建议。比如，向军委、总后领导写信，要求支持三所军医大学的发展，建议加强二炮医学研究；对学校领导、部门的材料和报告，按照要求提供咨询、修改文稿等等，从思路、提法、词句等方面认真提出意见。经他修改的文件、文稿，由他提出的建议，可以说是不知其数，因为他没有去刻意记录。他的科学论文、工作报告都亲自思考、亲自撰写，虽然有时需要他人提供一些素材，但主要的观点、论述和语言，都是他自己的。这些勤奋，既促进了工作、帮助了别人，也历练了自己。

"双肩挑"的实际锻炼

程天民在大学读书期间，既完成学业，又担任学生自治会主席，入团不久就担任第六军医大学校直系统（包括校本部各机关、各基础教研室）的团支部书记。后来，他在任科室主任的同时又任党支部书记，任系主任又兼系党委书记，特别是任校长兼校党委书记。长时间、多层次的专业和管理工作的"双肩挑"使他十分劳累，但得到了实际锻炼，思考和处理问题不仅要从专业技术上，还要从大局、长远着眼着手，从而使他获得了单纯科技干部不易得到的"复合性"的历练机会，这对他学习、掌握和实施战略思维产生了重要的影响。

对业务实践的感悟和升华

教学、科研等领域既体现专业学术技术，又蕴含思想思维和战略策略。认真深入的业务实践和业务管理，将自然地、必然地迸发、引出思想和思维，重要的是应在勤奋学习、勤奋工作基础上，勤奋思考，主动地、自觉地、切实地去领悟和升华，使教学实践升华为教学思想、科研实践升华为科学思维。战略思维促进、指导了科教思维，而教学、科研的思维又丰富并发展了对全局有长远意义的战略思维。

程天民在学习、形成战略思维过程中，将宏观决策与落实践行密切结合，经学习、实践形成战略思维，更用战略思维指导实践，使之实现。例如提出"两个取胜"后，接着制定第三军医大学建设发展规划，并在任期内，从学科调整等方面初步予以实施。思维和实践的相互结合，促进了程天民专业的发展和个人的成长。

第|八|章

科学家的人文情怀和感悟

一、诗书画印，抒怀勉友

程天民在家乡良好的人文环境熏陶和影响下，从小练习书法，学习古文，把书法、绘画和篆刻作为课余爱好，参加工作后又作为业余爱好持续练习，书画技艺不断提高。遇到重大事件和时节，他常赋诗作词，以表情怀。1976年1月8日、7月6日和9月9日，周恩来、朱德和毛泽东相继去世，他曾满怀悲痛地赋诗：

一八、七六与九九，

天哀地恸泪潮流。

痛失导师忧国事，

继承遗愿志不休。

2008年年初，我国发生特大冰雪灾害。程天民深感"老天爷太不仗义了"，特作"鹰击长空"和"任冰雪严寒，我巍然挺立"两幅国画。程天民还多次参加中国工程院院士书画社的活动。2008年11月，在绍兴兰亭"书圣"王羲之书写《兰亭序》的鹅池旁举行科学与艺术笔会期间，正值下雨，他即兴赋诗，即席挥毫：

书魂耀古今，

贤士聚兰亭。

池雨润翰墨，

砺炼后来人。

2010年10月，程天民参加长沙橘子洲头毛泽东巨像前的橘洲抒怀笔会时赋诗：

少年粪土万户侯，

湘江血染变清流。

芙蓉朝晖今胜夕，

激扬挥毫在洲头。

他多次用"嵌名"题写书法赠送友人。比如2007年，为纪念盛志勇院士87岁寿诞暨从医65周年，程天民特赠：

八七春秋逢盛世，

六五寒暑谱华章。

伏枥犹存千里志，

勇领风骚战烧伤。

杏林大师人敬崇，

祈愿老翁寿而康。

他还为病愈的巴德年院士题写"崇德笃学，豁达康年"，

为80华诞的顾健人院士题写"健思健魄，人寿人强"，

为闻玉梅院士题写"玉珠不染尘，红梅耐寒霜"，

为自己的第一个博士研究生粟永萍题写"粟入沃土而得苗壮，萍浮浊水也持高洁"，

为"保持英雄本色的共和国卫士"、身残志坚的丁晓兵题写

"晓大义，当大兵，蒙大难，战大苦，炼大志，铸大业"……

古人云，"诗言志"，"字如其人"。程天民学习诗词，表达意志和情怀。世界各国各族有各种文字，唯有中国的汉字才能体现"书法""书道"，成为独特的艺术和中华优秀文化的一块瑰宝。书法讲求字意和风格。在学习古今书法家的基础上，他努力形成自己以"刚劲"的军旅书法为特色的风格，既写行书，又习隶写和篆书，被誉为"院士书法家"。

程天民、胡友梅夫妇均爱好摄影，利用休假、外访和会议之余，进行了多方面的拍摄，并编印出版了他们老两口的《业余摄影选集》《万紫千红——花卉摄影选集》《国色天香——洛阳牡丹摄影选集》和《赏荷——百幅荷花摄影选集》，并配以自己撰写和书录的古人相关诗词，更增添了诗情画意。这些作品既作自我欣赏，也赠友人欣赏，共赏自然美景，同创美丽人生、美丽生活、美丽中国。

相濡以沫的程天民、胡友梅夫妇

程天民、胡友梅老两口同赴娄山关览胜

京剧是最具中华优秀文化特色的戏剧。程天民喜爱人文艺术，也自然地情有独钟于京剧。为了提高大学生的人文素质，很多高校组织"京剧进校园"活动，并组织全国高校京剧演唱和研讨会。2010年10月1日，在重庆召开了全国会议。程天民应邀题词"传扬中华传统瑰宝，推进科技人文交融"，并在会上发言，阐述他作为科技人员对国粹京剧的理解。他说："京剧以人为本、以史为戒、以古鉴今、以情感人，惩恶扬善，褒忠贬奸；唱词如诗词，动作即舞蹈，道白富文采，声情交融，美不胜收。"程天民没有学习过乐谱，却潜移默化地听着学着哼，成为他的另一业余爱好。在纪念三医大合校40周年的时候，他亲

程天民的画作《层林叠峦》

自撰写唱词、设计唱腔，并登台演唱的京剧唱段《大道康庄三医大》引起轰动，并被传为佳话。

因程天民喜好人文艺术，极其敬重人文艺术家，拜师交友，情深意笃，不少书画家以自己的作品相赠。特别在他80周岁时，程天民收到许多佳作。程天民为了使这些佳作被更多人共赏，于2008年特地编印出版了《程天民珍藏书画选集》，由94岁高龄的文学、书法大师马识途书写书名，时任全国政协副主席、中国工程院院长徐匡迪亲自撰写了题为《科学与艺术》的长篇序言。与此同时，程天民将230多幅赠品原作捐献给第三军医大学，学校以此为基础成立了第三军医大学人文艺术馆，增添了学校的人文氛围，促进了红色军医文化的建设。

二、科学艺术，相得益彰

程天民随着业务实践与思考的深入以及对人文艺术认识的深化，感悟到科学技术与人文艺术既是不同领域，又息息相关，在高层次上是统一相融和相互促进的。他将人文艺术用于教学，寓美育于智育之中。他认为，课堂教学是一门科学，也是一门艺术，努力把课堂作为展现和实施科学与艺术、智育与美育相结合的讲堂。他立足教学内容，设计图文并茂的讲稿，边讲边写边画，生动活泼，激发了学生的学习兴趣，使学生在智育美育的结合中，主动地在享受中（不是被动和勉强）启迪思维、学得知识。程天民还运用病理学专业知识和绘画技艺，设计和绘制了病理学彩色图谱，在早年缺乏电化教学等手段的情况下，有效地配合文字教材，提高了教学效果和质量。

他重视科学思维在科学研究中的主导作用。从思维方式角度而言，自然科学以严谨求证为主的理性逻辑思维与人文艺术以抒情以至浪漫为主的形象思维相结合，相得益彰，有利于形成创新的科学思维。在认识和实践过程中，这两种思维也常相互交叉印证。这两种思维的结合有利于提高好奇心、想象力、感知力、洞察力，也有利于抓住现象直至本质，从而在科学思维、科学方法的更高层次，指导科研实践。程天民正是学习、运用辩证创新思维，在科研中不断有所发现、有所前进。

郑板桥的名联"删繁就简三秋树，领异标新二月花"，充分体现了科学、辩证的创新思维，是科学哲学与艺术形象相结合的典范，既立论科学，又富含想象，使程天民深受启迪。科学研究就是要"领异标新"，就如二月间各花尚未开放的时候，一花独放；撰写科学论文就是要"删繁就简"，就如进入三秋的树木，大部分树叶凋落了，突显主干、主枝那样，突出主题主线进行论述；教学讲课就是要像三秋树那样的少而精。

程天民以人文艺术的情怀、标新立异的理念，对全军复合伤研究所实验楼的建筑，提出"现代民族形式"的构想，并画出了草图，供工程师具体设计。该建筑错落有致，采用覆盖绿色琉璃瓦的女儿墙，主楼与实验动物房以廊道相连，楼前有两棵繁茂的黄桷树（重庆市市树），楼侧桃树、李树相间。进门大厅一侧有程天民书写的毛泽东《七律·长征》诗，激励以长征精神钻研复合伤；另一侧为国画家刘和璧所画的荷花，并题写"出污不染，滴水成珠"，"不染"喻品德，"成珠"喻才华，体现德才兼备。廊道两侧悬挂中外科学家的画像，并设有学术交流栏与文化生活栏。大楼内部则按多学科技术平台和科教工作流程，建设多层次现代化实验室。这样的布局与环境，体现了人文与科技的结合，既利于科教工作，又起到耳濡目染、潜移默化、环境育人的作用。这幢实验楼及周围的环境，在第三军医大学校园内独具特色、引人注目。

程天民认为，科学与艺术、科技与人文的结合，要具体落实，体现为做好自身的业务工作。做学问先做人，做好学问再更好地做人，科技人员不好好做学问，难以说明做好了人；科技与人文结合要促进科技，不好好做科研，难以说明两者结合得好。因此，程天民在长期坚持科技与人文结合、治学与修身相融过程中，不断促进专业的发展和个人的成长。

三、多彩人生，境界高远

程天民说："祖国山河如此多娇，中华文化如此多彩，科学境界如此深邃，小事私事何足烦恼。"他心想大事，胸怀全局，勤奋实践，拓展事业。

关于人文与医学的关系，程天民认为，自然科学领域研究与服务的对象可以概括为人和物，天地生、数理化、理工农都是人研究物，具有生命的动物和植物毕竟也是物，唯有"医"是人研究人，人服务于人的生命、人的活动、人的健康、人的疾患。人的生命只有一次，始终是占第一位的，因而，医学最能体现以人为本、以人为主体、尊重人的价值、关心人的利益的人文精神。医学与人文的结合，具有必然性（不是偶然的）、自然性（不是人为的）、实质性（不是表浅的）和全面性（不是局部的）。程天民主张，应大力提倡和实现医学与人文的结合融汇，并提出了"医德为魂，医术为本"的理念，将医德和医术表述为"魂"和"本"的关系。医务人员应既有精湛的医术，又应有崇高的医德，真正体现"医乃仁术"。

程天民情系祖国安危，献身军事医学。而在日常的工作、生活中，他主张并坚持"紧紧张张、专心致志地工作，快快乐乐、健康潇洒地生活"，有张有弛，有劳有逸，提高效能，有利工作，增进健康。

程天民在实践中感悟到，科学与艺术的结合有着不同的层次：最初是业余爱好，练习书画；而后是用于教研实际，提高实效；进而是升华形成教育思想和科学思维，以至达到领悟人生、开拓境界的更高层次。概括起来，科技与人文结合对科学事业的发展，重要的是要建立正确的"四观"：事业观（情操、激情、勤奋）、学术观（思维、方法、技术）、人际观（包容、交融、协同）和生活观（情趣、乐观、健康）。

程天民还提出，要尊重个性差异、个性发展和个人兴趣。由于个人的经历、爱好和所处环境等不同，对科技与人文结合的方式、途径和内容不求相同，不能要求所有的科技人员都能熟谙人文技艺，都会诗书画印、琴棋书画，都能歌善舞……而是重在人文理念，丰富审美情趣，提高文化修养，开拓人生境界，促进思想素质、专业素质和人文素质的全面发展，做一个脱离低级趣味的人、有益于人民的人，正如中国工程院原院长徐匡迪院士所述："在经济繁荣、科技进步、教育普及的新时代，更加注重教育过程中科学技术素养与人文艺术精神的交流与融汇，使得工程科技人员、农林专门人才和医药工作者，不仅是本专业的行家里手，也是能传承人类几千年所积累的优秀文化艺术传统、既有科学专长又有文化教养的人。"

几十年的实践与感悟，使得程天民既有科学事业的成就，又有丰富多彩的人生，被誉为"德、技、艺三馨"，"科学家中的艺术家"。

老有所为和老所不为

一、老来继续努力，获多项重大科教成果奖励

　　程天民毕生致力于军事医学的教育和科研工作，在60多年的军旅生涯中，先后涉猎病理学、防原医学、医学管理和军事预防医学等诸多领域，书写了卓越的军旅人生。而自从1988年61岁卸任第三军医大学校长职务后，他更在不懈进取中迸发出新的生命活力，展现了具有老军人和老科学家特色，既老有所为又老所不为的人生风采。

　　1988年4月27日，我军有史以来第一部《文职干部暂行条例》颁布，标志着我军干部制度的一项重大改革。同年8月，军队首批现役军官改任文职干部工作圆满完成。当时担任第三军医大学校长的程天民61岁，已逾正军职军官的最高服役年限，因而未授原定的少将军衔，改为文职干部。总后勤部要他继续担任文职校长，但他推荐年轻同志接任，自己恳辞回到原科室当教授。

　　在当时的情况下，程天民有两种选择：一是作为老校长、老教授，挂个名誉职务，不担任实质工作，乐得清闲；二是继续实干，投身教学和科研。一生富于实干精神的他选择了后者。因为几十年来坚持不懈的奉献，人们都尊敬地称呼程天民为程老。他认为，"老"说明过去的工作时间长、今后的工作时间短，因此，更要抓紧时间努力工作，并把过去长期实践中积累的知识经验和形成的设想构思予以充实、拓展、深化、提高，力争为发展军事医学而老有所为。几十年来，程天民所获得的科教成果奖（国家科技进步奖一等奖3项、二等奖1项，国家教学成果奖一

等奖1项、二等奖2项，军队科技和教学一等奖8项），所主编的专著，所培养的人才和所获评的全国优秀教师、全国优秀共产党员、一等功等其他重大奖励，以及使所在学科不断上新的台阶等等，绝大多数是在他从校长岗位退下来，回科室当教授以后，也就是65岁至88岁期间完成的。

"老夫聊发少年狂"。在老有所为的道路上，程天民以不属于年轻人的积极活力与干劲，坚定前行，实现着人生的最高价值。

2011年的日本福岛核电站事故引起很多人的恐慌。以程天民和全军复合伤研究所所长粟永萍为主编，11名学者共同奋战3天3夜，编写出《核事件医学应急和公众防护》科普读本，由人民军医出版社出版并在全国发行。2012年，卫生部和解放军总后勤部卫生部主持编著《中国医学院士文库》，属"十二五"国家重点出版项目和国家出版基金项目，程天民负责主编自己的文集。经一年多努力，79万字的《程天民院士集》由人民军医出版社于2013年6月出版发行。2011年，由国家科教领导小组启动、中国科协牵头，联合教育部、科技部、中国科学院、中国工程院和解放军总政治部等11个部委，对我国老科学家实施"学术成长资料采集工程"，程天民是重庆市的唯一入选对象。第三军医大学专门成立了采集工程小组，程天民配合、参与这一工程。作为采集工程成果的《求索军事医学之路——程天民传》，已于2014年5月由中国科学技术出版社和上海交通大学出版社出版。《程天民院士集》和《求索军事医学之路——程天民传》比较集中、全面地反映了程天民的求学生涯、学术成长、学术思想、学术成就和风范风采，对激励青年学人有重要作用。

程天民还专注于教学专题讲座，多次参加学术会议并作特邀报告。他讲授的内容主要包括：（1）新生入学教育，传播人文理念。例如，对新入学的本科生讲迈进医学之门，对新入学的硕士、博士研究生讲科学与艺术，旨在传扬科学与艺术的结合，促进德智体美全面发展。为全军外科领域学术会议讲人文科学与外科学，结合外科学实际，强调提出"医德为魂，医术为本"并阐述其内涵。（2）学科的发展历史、进展和展望。比如，在全国放射医学与防护学术会议上作题为《我国防原医学发展的回顾与思考》《不断凝练关键科学问题，深化复合伤研究》等报告。（3）军事医学重要问题。例如，在多次会议上，论述现代军事变革与军事医学、现代高技术武器与恐怖伤害及其医学防护等内容。这许多工作和成就，体现了程天民老而不休、老有所为、赤诚报国的毅力和情怀。

二、当好梯子，倚重中青

程天民在离开领导岗位后的20多年里，将心血和精力倾注在两个方面。

一是著书立说，尽力为事业，为他人、后人留下一些有价值的东西，如编写专著、撰写论著、举办讲座等。他还编印了多部人文艺术作品（书法、摄影等）选集，分送他人。

二是培养人才，尽力培养年轻一代学术接班人，把培养出德才兼备、超过自己的学术接班人作为最高的职责和荣耀。

在老有所为的同时，程天民还坚持老所不为，主要包括：一是婉拒了诸多评审。二是在2003年，宣布当年招收最后一名博士研究生，此后不再以他作为直接导师招收研究生。实际上，他的学生、他的学生的学生已成为博士生导师了。他让年轻导师招收、培养研究生，自己则参加全军复合伤研究所的研究生指导小组，发挥指导作用。三是在2004年结束了一个研究项目后，他除了上级指定和必须由其挂名的个别项目以外，不再作为项目负责人申请科研课题，由相对年轻的同志来申请和主持各类科研项目。四是在2004年最后一次牵头申报并获得一项国家科技进步奖以后，不再以他为第一完成人申报科技成果。五是编著的专著，有些理应由他作为主编或主编之一，他却把自己的名字删除。六是社会上的一些部门和人士对院士进行炒作，凡院士参加就认为提高了会议或活动的"身价"和"档次"。程天民经常接到这样的邀请，除确有必要并具实效的以外，对大多数的邀请都婉拒了。他这样做，既适应年老健康，更倚重中青年，促进他们更快地成长和事业的更好发展。

在2011年6月27日第三军医大学召开的纪念中国共产党成立90周年大会上，程天民作为全国优秀共产党员，为全校同志作了题为《加强党性修养的感悟》的发言。他说："入党58年来，我的年龄、职务、专业、岗位经历了不少变化，但始终坚持一个不变，就是记住自己是一名共产党员，并在不断学习和实践中努力增强党员意识，加强党性修养，力争为党的事业多做些贡献。"

程天民着重从"四个如何正确对待"讲述了他的感悟。一是从20世纪60年代初国家经济严重困难时期搞科研和赴戈壁滩参加核试验的经历，感悟到"如何正确对待艰苦"；二是从自己担任校长兼党委书记时任军政一把手，虽大权在握，但始终正确行使职权，努力尽职尽责地办校治学，不以权谋私，不假公济私，感悟到"如何正确对待权力"；三是从主动请辞校长职务，推荐年轻人接任，不计分内分外、有名无名，主动做好各项工作，感悟到"如何正确对待名位"；四是从"老程"想到"程老"、老校长、老领导、老教授、老院士……从年老不卖老、不居功，始终保持谦虚谨慎，处理好个人与组织、集体、年轻人的关系，并抓紧老年时间为党多做工作，感悟到"如何正确对待年老"。

　　程天民的"四个如何正确对待"和他所坚持的"四观"（事业观、学术观、人际观、生活观），既诠释了他这位老科学家爱国、爱党、爱军、爱科学的炽热情怀，又反映了他这位老共产党员的党性修养体悟。程天民这种豁达、淡泊、宁静的人文情怀，正是一位科学大家学术人生的最佳写照，更是他能"既创科学事业成就，又享丰富多彩人生"的秘诀所在。

第十章

外界对程天民的赞誉

一、人物访谈

以下评价，来自中国科协等11个部委对我国老科学家学术成长资料采集工程对多位领导、院士等的访谈实录，他们从不同侧面评述了程天民半个多世纪以来的贡献与影响。

旗帜·大家·良师

王谦（原解放军总后勤部副部长、第三军医大学原校长，2011年12月8日访谈）

我和程天民院士认识二十几年了，对他的印象可以归纳为三句话：第一句话，他是旗帜。他是当代军事医学研究的旗帜，表现为成果的先进性。他工作几十年，获得了许多奖项，都是国内先进，有些是国内领先、世界水平。他的工作具有独创性。他的许多专著都是奠基性的，防原、复合伤、病理学、军事预防医学等，具有开创性。这也是衡量一个科学家水平的标准。他的工作还具有基础性，比如，他的复合伤病理学为复合伤研究奠定了理论基础。第二句话，他是大家。他思想睿智，富有远见卓识，是有大智慧的人。一是他的能力过人。他当科学家是好科学家，搞教学是好教师，搞管理是好校长。二是他具有远见卓识。一个人是不是有智慧，关键是看他对发展是否有过人的洞察力，几件事就可以看出他具有这个远见卓识。程院士在学校管理上提出了"两个取胜"的思想，对三医大的发展起到战略定位作用。正因为坚持这一思想，使学校产生了飞跃，达到了点石成金的效果。

第三句话，他是良师。当年，在学校管理的重大问题上，学校领导包括我自己都会征求他的意见，他都发表了很好的意见。到现在，我仍把他当作良师益友。

三医大的宝·国家的宝

陆增祺（原解放军总后勤部部长助理兼卫生部部长，2011年12月5日访谈）

程天民院士是我非常敬仰的老专家、老领导。1987年，我在四医大训练部工作。那时，他作为三医大校长到四医大交流，我接待了他，给我的印象是：他不一般。从个人气质、谈吐、知识面到对院校的了解，程院士给我一个非常深刻、非常美的印象。1990年，我到总后卫生部当副部长，1991年要召开医学教育改革会议。在这以前，1986年和1987年两年在广州的一医大开过两次会，主要解决军医大学怎样自我发展，把科技成果转化为生产力。随着形势变化，办好学校还是要靠学科人才。当时，三医大提出了"两个取胜"，确实恰如其分地解决了院校办学的深刻问题，这就是1991年那次会议的主题。解决军医大学发展问题的正确路子是：市场经济不是解决军医大学发展问题的根本思路。三医大的优势是军事医学，程老抓住了这个思路，对三医大学科、人才队伍的建设是一个根本性的指导。我觉得，程老的办学思路不仅过去针对三医大是合理的，对军医大学发展在今天看来也是普遍带规律性的东西。

对程老，我非常钦佩。他是非常全面的人，是好领导、好学者、好长者，提携后人、甘为人梯非常突出。钱学森曾经讲过，科学家要发展形象思维，要和艺术结合，思想才能开阔。科学与艺术结合，我觉得程老完全是这样一个人。军医大学的校长有这么多，但具备像他这样的素质，提出一套办学思路并能够付诸实践、见到成效的，在军医大学当中很少。程老是我心目中最好的校长，虽然任职时间很短，但在三医大历史上记下了浓重一笔。他是校长的榜样——学他搞管理；他是专家的榜样——严谨治学、提携后人；还有就是做人的榜样。另外，他的能力全面、文武双全等等，都是我们的榜样。他是三医大的宝、国家的宝。

程院士的钻石人生

罗长坤（时任第三军医大学校长，2012年8月29日访谈）

在我和程天民院士共同工作期间，他给我留下了非常深刻的印象。我耳濡目染了程院士很多教诲，得到他很多指导。

作为老师的程院士——

程院士作为老师，不仅是一位优秀教师，还是一位良师。他诲人不倦。当时，我们有很多地方想向程院士请教，只要他在校，一定认真解答。他不知道的，会去查了之后再给你回答。

我还记得，我在教研室写的第一篇论文请他帮忙指导、修改。我把他修改后的论文拿回来一看，那真是逐字逐句修改，包括标点符号都修改了，而且改得整整齐齐；有的地方甚至还标出来为什么要这样改，把理由都写清楚了。这让我印象特别深刻。

我觉得，他作为学术带头人，能够准确把握学科的发展方向。程院士坚定地要搞复合伤研究，这才有了我们三医大今天国内唯一的、以复合伤研究为主的全军复合伤研究所。

作为科学家的程院士——

程院士既是防原医学方面的专家，也是病理学方面的专家。当年，他是国内病理学界最年轻的副教授之一、病理学教研室主任，已经取得了比较大的成绩。但是，上级下达了任务之后，他就义无反顾地参加了我国核武器生物效应试验这样具有挑战性、危险性的工作。程院士到核试验现场去了14次，之后，我国核试验的生物效应资料总结，尤其是病理学方面的总结也是程院士组织撰写的。程院士在我国发展核武器过程中是有突出贡献的。我国的"两弹"元勋都是核武器研制方面的专家，没有生物防护研究方面的，如果有的话，我觉得程院士是第一个。程院士作为科学家，他还选择了科学难题，勇于啃硬骨头。硬骨头就是复合伤研究。程院士从严治学，从事科学研究的态度非常严谨，对学生很严格，甚至会问病理切片是不是自己看的、实验是不是自己亲手做的、论文中的材料使用有没有投机取巧。他还仔细到要问有没有给实验动物喂食、喂水，论文要经过他的审查、修改后才允许寄出去发表。他的科研成果非常丰硕，先后在复合伤这个领域获得了国家科技进步奖一等奖、二等奖，军队科技进步奖一等奖、二等奖等。在出成果的同时，程院士还培养了一大批人才，像粟永萍教授、郑怀恩教授，在美国的王亚，还有像史春梦这样获得全国"百篇优博"称号的优秀青年人才。

作为教育家的程院士——

程院士当过教研室主任，系主任，三医大的副校长、校长，他在这些不同的岗位上都有自己的思想、建树和作为。尤其是在怎么办大学、办什么样的大学、培养什么样的人才等方面，程院士进行了深入思考，很有见地。而且，这些思想都付诸实践，取得了成效。

他提出了"以质量取胜、以特色取胜"这样一个办学思想。我想在访谈中，大家都会谈到。从世界一流大学的办学经验和规律上来看，"质量"和"特色"四个字能够充分说明大学办学的规律及特点。他还提出了教学与科研相统一的教育原则。程院士有敏锐的眼光：大学如果只教书，恐怕只能算是一般的大学；要成为重点大学，必须有科研。程院士当三医大副校长以后，提出了教学与科研相结合这个原则，之后，整个三医大的科研工作才普遍展开了。他又提出了本科生与研究生并重的育人模式。程院士提出，重点大学不培养博士、不培养高层次人才，不能称为重点大学。他确立了学科发展是学校各项业务建设的基础。程院士是位教育家，不仅提出了"两个取胜"的办学思想，而且还有对教学科研、人才培养、学科建设等方面一套完整的见地。

作为艺术家的程院士——

他会书法、摄影、绘画、篆刻，还有京剧。我觉得，程院士的书法已经越来越自成一派，有自己的风格，写得越来越有感觉了，写出了他的风格和魅力。我还觉得，程院士在科学与艺术上实现了完美结合。他不仅有自然科学方面的知识，而且还具备人文、艺术方面的知识和修养。程院士的科学人生也是艺术人生，科学与艺术在他身上完美结合。

我想补充一点，他的人格魅力和个人修养，我们很多人比不上。程院士有独特的人格魅力。第一是他的知识面很宽；第二是他的兴趣很广泛；第三是他的性格特别好，从来不生气。而且我觉得，他说话很有吸引力，有条有理、不快不慢、文质彬彬。讲完之后，听的人都很感动，不服都不行。这也是程院士取得成功的过人之处。

作为一位科学家应有的个人修养、学识、才识和胆识，在程院士身上得到了有机结合与充分体现。我觉得，这样的大家、大师，这样的杰出人才，在我们学校、军队、国家都是少有的。在程院士身上有我们永远学不完的东西，他的为人做事和个人魅力都值得我们学习与挖掘。

"德"上大家，"技"上专家，
"艺"上行家

高占虎（时任第三军医大学政委、党委书记，2012年9月10日访谈）

我在2010年12月到三医大任政委，到现在已经一年零八个月了。这让我有更多的机会接触和了解程院士，有了更多向他学习、请教的机会，也进一步加深了对他的了解和敬重。

关于程院士的事迹，大家都知道得很多了，我用"一、二、三"这三个数字来简要地谈谈对程院士的感受和印象。

所谓"一"，是谈谈与程院士有关的若干个第一。

程院士是新中国成立后的大学毕业生中第一批被授予高级职称的青年专家，当时才30多岁就提升为副教授；程院士在任三医大校长期间，一直是校长和党委书记一肩挑；他是三医大历史上唯一一位在卸任之后，转过来从事科研工作并取得重大成果的校领导；他是解放军第一届学位委员会委员；他主编了我国第一部《核武器损伤及其防护》专著；他创建了军事预防医学这一新学科，并主编了我国第一部军事预防医学的奠基性教材《军事预防医学概论》；他是三医大第一批参加核试验的队员之一，也是三医大参加核试验次数最多的人；他对全军第一个重点实验室在三医大成立发挥了重要作用，也是当年总后勤部唯一被评为全国优秀共产党员的专家；他曾被中央军委授记一等功……这10多个"一"集中反映了程院士的品德和才华，凝结了他的心血和汗水，展现了他的成就和贡献。这些是来之不易、当之无愧的，更是令人敬重的。

所谓"二"，是谈谈程院士提出"两个取胜"办学思想的历史性贡献。

我曾在全校团以上领导干部和科室主任参加的党委扩大会上，代表校党委回顾并强调了"两个取胜"的三大贡献和四大意义。

三大贡献的第一大贡献是，靠"两个取胜"形成了质量强校、特色立校的办学传统；第二大贡献是，靠"两个取胜"打造了鲜明的军事医学特色优势；第三大贡献是，靠"两个取胜"推动了三医大全面建设整体跃升。

四大意义，一是"两个取胜"是中国特色社会主义理论体系在三医大的具体运用，二是"两个取胜"是高等院校办学规律的集中体现，三是"两个取胜"符合国家和军队办学方针的一系列现实要求，四是"两个取胜"是在新起点上推进三医大转型发展的必然选择。

我们校党委和全校同志一直有这么个认识：实践证明，"两个取胜"办学思想是在三医大特殊的发展阶段和重要的历史关头，提出的具有根本性、全局性、战略性、长期性的办学思想，完全符合科学发展观全面、协调、可持续的基本要求，在中国特色社会主义旗帜指引下，走出了符合三医大实际、富有三医大特色的发展道路，闪烁着唯物辩证法和实事求是的光芒，正确回答了"办什么样的军医大学、怎样办军医大学"的重要问题，体现了程院士和当时校党委班子的集体智慧与实践勇气，是三医大求生存、谋发展、创辉煌的重要法宝，是我们最重要的精神财富，指导我们实现了近30年的快速发展，我们必须倍加珍惜、长期坚持和不断发展。

所谓"三"，是谈谈程院士是德、技、艺三馨的楷模。

我们常常说专业人士是"德技双馨"、搞艺术的是"德艺双馨"，但我感到程院士是德、技、艺三馨的楷模。

在"德"上，他是大家。程院士是讲政治、顾大局、守纪律的典范，是党性修养的典范，也是活到老、学到老、改造到老的典范。他品德高尚，淡泊名利，无私奉献，脚踏实地，几十年如一日，忠诚于党的教育事业，忠诚于军事医学事业，一心扑在工作上，从不计较个人得失，始终保持了一名共产党员的政治本色。

程院士从领导岗位主动退下来后，校党委、校领导非常尊重程院士，很多涉及学校建设和发展的大事，都主动征求他的意见。他每次提出意见，都一再说明只代表个人意见和看法，仅供参考，从不干预校党委和校领导的决策。这是非常高风亮节的，也是一种虚怀若谷的境界。

他要求自己"不当盖子，当好梯子，修桥铺路，敲锣打鼓"，以自己的模范行动和严谨的作风、学风，培养和造就了一大批粟永萍、余争平、史春梦等优秀的军事医学研究骨干，带出了一个优秀的学术团队。他做了大量的、非常辛苦的幕后的工作、传帮带的工作、为他人做嫁衣裳的工作，这是非常了不起的。

程院士说："培养德才兼备的接班人，比获奖更重要、更高兴。一个人走过之后要留下一片树林，而不是一片荒漠。这样，事业才后继有人。"

程院士作为资深院士，作为老领导、老教授，并且获得了很多荣誉，但他依然故我，一直还是那样平易近人、谦虚谨慎、本色不改。这是难能可贵的，是值得我们很好学习的，特别值得我很好地学习。

在"技"上，他是专家。作为一名军事医学专家，他的研究贴近战争，是直接为保障打赢服务，是真正的为战而教，为战而研。他阐明了复合伤的发病机制和救治原则，获得了以国家科技进步奖一等奖为代表的一大批重大成果。1996年，他当选为中国工程院院士，把毕生的年华献给了国防和军事医学事业。

2011年，日本发生核电站事故之后，程院士连夜组织人员撰写《核事件医学应急与公众防护》宣传手册。当时，程院士虽然眼睛很不好，腰也不好，但他连续三个晚上带队加班，写出了这本宣传手册，对当时稳定社会、安定人心起到了重要作用。

程院士还经常作学术报告。他的报告观点新颖、见解独到、内容充实，反响很好。他每次作报告都会精心准备，从来不会应付了事。

前不久，程院士还就发展二炮医学向总后首长提出建议，并且和校长一起亲自到二炮部队调研，促成三医大与二炮后勤部签署了战略合作协议，这也是我们军事医学为部队服务的重要举措。

在"艺"上，他是行家。程院士不仅在教学科研上取得了成就，在人文艺术方面也涉猎广博、造诣很深。他擅长诗词、书画、摄影、篆刻、京剧等，而且形成了自己的艺术风格，具有相当的水平。三医大西门口迎门的巨石上"两个取胜"的校训苍劲有力，这是程院士亲自书写的。我们的校歌也是他亲自创作的。他已经85岁高龄，还为学校的建设呕心沥血。

他把自己珍藏多年的名家书画无私地捐赠给学校，很多是国家、军队的名家书写的，成为我校人文艺术馆的主要展出内容。程院士还有一门精品课叫科学与艺术，他谈自己是怎样把科学与艺术结合在一起，科学与艺术是怎样相得益彰的。他能用粉笔在黑板上画出人体器官的病理图，画得很快，也非常逼真，有时还能双手同时作画。应该说，这些都是他的绝活儿。他的这些名课非常受欢迎。

程院士把科学研究和人文艺术紧密结合，使之交相辉映、相得益彰。他把艺术才华都用在了党的教育事业上，用在了自己师德的修养上，用在了课堂的教学上，用在了对下一代的培养上，无数学子被他深深吸引。

前不久，我和程院士参加了一个书画笔会，和地方的书画名家一起写字、作画。地方上这些著名书画家对程院士也很叹服，见到程院士就能感觉到有一种气质，一种文化的气质、大家的风度，都想不到这样一位专家、院士对琴棋书画如此精通。《大道康庄三医大》是他自己改编的曲子、自己创作的词。总政歌舞团的董文华、蔡国庆等人到他的办公室为他演唱，他很感动，现场为大家朗诵了这首词。

我来三医大一年八个月了，虽然时间不长，但程院士给我的印象和影响是非常深刻的，也将是长久的。我深深感到，程院士是值得我永远学习和敬重的人。

如饮醇酒，越见甘醇

秦伯益（药理学家、中国工程院院士、军事医学科学院原院长，2011年12月5日访谈）

　　自古宜兴出人才。十年树木，百年树人，宜兴出了程天民。他是在这样一个文化氛围里出来的，不是凭空蹦出来的。我感觉，他人文方面的修养是在他取得学术成就之前，在中小学奠定的。程天民在这个基础上搞自然科学研究，把这种人文精神运用到科学研究中去，在自然科学中做出了很大成绩。我和他是在改革开放后才认识的，1988年同到美国访问，总后刘明璞副部长带队。这次访问期间，我们交流密切。他非常儒雅，待人诚恳，和蔼可亲，不张扬，学问都在骨子里，不在嘴皮上，是高层学者。他的科学事业这部分，尽管很多科学家做得不一样，但归到最后都差不多，作为科学的一套精神、态度都差不多，反而是文化底蕴影响人的个性。我印象比较深的是三医大的办学方针"两个取胜"。我觉得，有些校训的内容，很多单位都可以用，不反映特色，刚开始还有点用，但一样就没有什么意思了，虽然话都不错，可没有深入人心的东西。我认为，校训这类东西要由名家提，清华的校训是梁启超提的，北大的校训是蔡元培提的。当时，我问程天民，他说了这两句。当初，我不觉得怎样，质量、特色……后来，越来越觉得这两句话深刻、有特点，经得起回味、检验，而别人提的都差不多。现在，学校就是在质量和特色上欠缺，量上拼命追求，质也没上去。要做到"质量"两个字，是对自己的工作真正拿出水平，拿出负责的态度。质量好的东西很多，但必须有特色，因此涵盖了很多。这个没人说，就是程天民提了，而且，他这话很平淡、朴素。大概学问做得高了，就不再用几句话去忽悠人家，让大家鼓掌、喝彩。淡定才见高低，学问做到深处就是这样，随便说出的话就有深刻思考，涵盖一切。"特色"两个字在三医大一直坚持，其他军医大学在学科上有强项，而真正保持军事医学特色的，三医大比其他任何军医大学都强。程天民的这两句话，我几十年回味过来，真的很有道理，讲话很平静，不像一些华丽的词，听过也就这样，而且，三医大坚持了那么多年。我觉得，除了办学方针很朴实，经得起咀嚼、检验；还有就是程天民的为人，能很好地与大家共处，与人为善，对自己的东西不保守，业务上、知识上毫无保留地与大家分享。跟他交往，我觉得如饮醇酒，越见甘醇，不像与有的人交往，只热乎一阵。程天民从没发过脾气，没见过他对谁不礼貌，总是平静、淡定，这是大家共同的感觉。

杰出的科学家 · 优秀的教育家 · 难得的艺术家

顾健人（肿瘤学家、中国工程院院士、上海肿瘤研究所原所长、肿瘤生物学国家重点实验室原主任，2012年2月15日访谈）

程天民院士，我习惯叫他天民或天民大哥，因为他是1927年出生的，我是1932年出生的。更重要的是，他是我师兄，我是他师弟，所以叫他一声"大哥"。这个师兄弟的由来，是因为他于1951~1952年在广州中山大学医学院学习。当时，我国病理学的泰斗梁伯强教授举办了全国性的病理学高级师资班，为全国培养病理学的高级师资、高端师资人才。他是1951~1952年的，我是1953~1954年的，他是第一届，我是第三届。虽然我跟他没有在同一时间学习，但从老师那里知道，首届的病理学师资班里有一个非常优秀的学员，就是程天民。这个时候，我就知道他了。后来，他从事军事医学，我从事肿瘤学，是民用医学，但他是我真正的师兄，在学问上是我学习的榜样。

我跟天民大哥真正熟悉起来是在1996年，他当选为中国工程院院士。我在1994年有幸当选为首批中国工程院院士。记得当时在北京推选中国工程院院士，好像是1995年春天，那时候，他高票通过。因为他在核医学特别是核武器防护方面的成就是大家毫无异议的，所以一致选他。从那之后，我们就经常见面，讨论些问题，他也是我的兄长。

下面，我就讲一下对天民大哥的一些感受。我觉得，他首先是一位非常杰出的科学家，第二是一位非常优秀的校长，第三是一位非常卓越的艺术家。

首先讲科学家。他在科学上的贡献，我可以这样讲，他是核武器爆炸引起的复合损伤研究方面，我们中国当之无愧的第一人。他14次到核武器爆炸现场，从不同距离观察试验动物的损伤情况。对这项研究工作，我不知道国外当时是否有类似的，但可以举一个例子：美国的第一颗原子弹爆炸时，包括当时"曼哈顿计划"的负责人R.奥本海默在内，就在一条壕沟里面戴上墨镜观察，他们根本不知道核武器会造成多大损伤。所以，美国有一批优秀的核武器专家，包括奥本海默，在若干年之后都死于核武器的损伤，奥本海默就死于白血病。从这方面来讲，当时美国的核武器防护研究是很落后的，因为他们没认识到这个问题。我们国家开展这个工作是同步的，原子弹的爆炸与核武器的防护、核武器爆炸后的复合损伤研究是同步进行的。可以想象当时的工作有多艰巨，因为复合损伤包括了放射性损伤、高温还有其他很多因素在内，所以是非常复杂的损伤。就像天民大哥说的那样，这不是1+1=2的问题，有的损伤是1+1＞2了，但有时又不是这样的情况，因此，这是个错综复杂的复合性问题。就这方面来讲，我认为当时他累积的这些资料和研究，为我们若干年后在这方面的防护研究和临床打下了基础。一旦有国家用核弹威胁我们，我们已经知道怎么样去防护。所以从这方面来讲，我觉得天民大哥的贡献非常之大。我看到我国"两弹一星"功臣的名单，这里面好像都是造原子弹、氢弹和人造地球卫星的，而在原子弹、氢弹爆炸后怎样去防护方面的专家的名字却没有看到，这是一个遗憾。我认为，天民大哥是这方面的功臣，是国家的功臣，历史会证明这一点的。我认为，我们如果只是研究制造原子弹，而不研究它的防护，一定是不够的，这有个以人为本的问题在里面。

天民大哥的贡献不仅是在核武器爆炸现场，我认为他是与时俱进的。比如后来的科索沃战争中，美国动用了贫铀弹。贫铀弹有很强的放射性，铀的半衰期以亿年来计算，因而这个损伤是很厉害的。我曾在天民大哥的实验室看到试验动物的标本，动物被贫铀弹弹片贯穿，损伤是非常触目惊心的。所以，我们一定要研究如何防护贫铀弹，才能做到有备无患。天民大哥在这方面的研究是与时俱进的，对我来说也很震撼！不仅如此，他的研究是贯穿的。譬如说，每种射线都不一样，贫铀弹是 α 射线，比原子弹的损伤更为强烈，但他的研究并不只在这一方面，他的成就还在于考虑全身机体整体暴露在放射条件下造成的损伤。因此，他的研究不光包括一般的皮肤、内脏方面的损伤，他注重免疫，还有其他全身性的一些变化。从这一点来讲，我非常非常钦佩他，也很有同感。因为我搞肿瘤学研究，也认为放射性病也是全身性的疾病，所以在这一点上，我和他的学术思想是完全相通的。我觉得天民大哥在这方面的研究不光是就事论事，国外的研究很多只研究某一方面的损伤，而他研究整体的损伤。如果对整体的损伤不清楚，将来的预防和治疗就没有一个完整的考虑。

还有他的实验室，包括粟永萍教授，现在开展对干细胞的研究，这个让我非常惊讶和振奋。因为我们如果在其他情况下利用干细胞，有一个前提，就是用放射把机体本身的干细胞摧毁，然后才利用本人或其他配对血型的干细胞进行移植。而在放射性损伤的条件下，机体已经接受了放射，再把干细胞输进去就没有障碍了，我认为这个非常巧妙。比如现在治疗白血病，先要把本人血液里的干细胞摧毁掉，然后才能输入外源性的干细胞。而复合性的损伤情况下，机体自身的干细胞已经没了，在这样的条件下利用干细胞，我认为可以说是事半功倍、非常巧妙。因而，我说天民大哥是与时俱进的，在科学上，他为我们的军事医学做出突出贡献，成绩卓越。可以说，他是我国核武器损伤、复合损伤包括治疗方面研究的功臣，当之无愧的功臣。

其次，他是一位非常优秀的教育家。他主持三医大工作期间提出的"两个取胜"，一个是质量取胜，另一个是特色取胜，确实提出了非常明确的目标，而且现在看得出成就。我到过几所军医大学，它们在医学上都很出色，有很大成就，但是从军事医学上说，我的感觉是，三医大做得最有特色，在军事医学上做出的贡献是最大的。

最后，我想说的是，天民大哥是一位非常难得的、科学家队伍中的艺术家，而且是优秀的艺术家。他的书法、绘画、摄影、金石雕刻等，是非常全面的，我看了以后是望尘莫及。虽然我也喜欢艺术，但和他相比不行。在中国工程院医药卫生学部，艺术上的造诣，他也是第一人。科学的最高境界，英文说是state of the art，就是说，达到艺术境界是科学的最高境界，科学和艺术是相通的。此外，艺术属于人文科学，这里面有哲学思想。所以，一位优秀、出色的科学家，必须是由哲学思想指导的，哲学和人文是分不开的。天民大哥能在科学上取得那么大成就，和他的文学、艺术修养是分不开的。他是我学习的楷模。他这样的人是很少的，在医学科研方面很少有他这样全面的人。

天民大哥的人品，我觉得可以说有几个特点：第一个是淡泊名利；第二个是生活上非常朴素、简朴，他的家很普通；还有，就是为人厚道、谦和，他是一个温文尔雅的君子，真可以这样讲的。他在这方面真的是为人师表，是我们学习的楷模，他在事业上和人品上都非常难得。

牺牲精神·战略思想·全才艺术家

巴德年（免疫学家、中国工程院院士、中国医学科学院原院长、中国协和医科大学原校长，2012年2月20日访谈）

程天民院士是我非常尊敬的一位科学家。

第一，他是我国军事预防医学学科的开创者，对这个学科的建设、教材的建设、人才的培养，是我们国家这个学科特别好的带头人，他本身也在这个方面做出了很大贡献。

第二，程天民院士在我们国家防原医学方面所做的工作不仅是开创性的，在一定程度上可以说具有非常大的个人牺牲精神。他从零开始，每次原子弹爆炸试验都去（注：我国第一次核试验时，程天民没有参加）。美国在科索沃使用贫铀弹之后，他在这方面也很留心，深入研究，不仅带动物去，他自己也去一线。所以，他是我们国家防原医学方面的元勋。可以说，程天民院士在这方面有特殊贡献。

第三，他是科学家，更是一位战略科学家、管理学家。我们俩都是中国工程院工程管理学部的院士。我当校长的时间比较长，在3所学校当了26年校长。在大学校长这个圈子里，我认为程天民在做第三军医大学校长期间是很有作为的。尽管后面有很多校长，但是我认为，程天民在三医大的作为，特别是对于三医大姓"军"，以及三医大的建校方针、办学方向，把握得很好。程天民在三医大做校长期间，把姓"军"这个问题解决得非常出色。我是从客观的角度，从地方大学的角度来看的。他对几个军事学科的发展都做得很好。

第四，我为什么对他很崇敬呢？因为程天民不仅是科学家，还是艺术家。他的摄影、绘画、书法都很好，也给我写了字，我也特别当回事儿地珍藏着。他的书法写得特好，摄影也特别好。

因此，程天民在我心目中是非常优秀的教师、非常卓越的科学家、有相当战略思想的领导者，还是一位非常全面的艺术家。这就是我对他的看法。

我这么说吧，我们俩是很有缘分的。我是中国工程院医药卫生学部首批院士，他是第二批。那时候，只有三四十个人。我们俩在一个组里面，因为预防医学和军事医学在一个组。成立中国工程院工程管理学部的时候，挑选中国工程院其他学部有管理经验的院士来组建。中国工程院从医学部抽了四五个人，有他也有我。

2006年，他从医学部、我从管理学部被推选为第六届光华工程科技奖获得者。我们俩谁都不知道是从哪个学部选出来的。那一年，医学部只选出一个人，本来是两个名额，但只选出一个人，就是他；而管理学部也是两个名额，只选中一个，就是我。所以在授奖那天，医学部的人都说咱们学部是两个人——程院士和巴院士；管理学部的人也说咱们学部是两个人——巴院士和程院士。实际上，我们是分别从管理学部和医学部推出来的。等那天吃饭的时候、党和国家领导人接见的时候，我们俩还挨着。所以我觉得，我和程天民像兄弟一样，他比我大11岁，但我们俩在一起就是兄弟。我的体力啊什么的比他要好一些，他特别是在眼睛不好了以后，一般来说，学习什么的都受影响，但我发现他还在不断学习，对新情况有了解。我非常佩服他。

他的老伴儿对他特别好，照相也是学着照，我发现她照得也很好，真是近朱者赤呢。

我和程天民很少在一起，我们没在一起单独吃过饭。我们至少相识有十七八年了，君子之交淡如水，从来没有单独在一起喝过酒、吃过饭，但情意之长到哪里都是这样。我估计老程对我也印象深刻，因为我们的经历都差不多，都在一个学科当带头人，也都做大学校长。

半个世纪的敬佩与感动

王正国（创伤学家、中国工程院院士，2012年7月20日访谈）

我大概是在1963年的时候开始和程天民接触，到现在已经接近50年了。在这个过程中，我真的在他身上学到很多很多，他无论是在人品、科研还是在才艺方面都是非常杰出的。在我们军队的医学界，我特别敬佩几位，他是其中一位。

在20世纪70年代初，我们一起到核试验场参加核效应试验。总后安排我们这些老参试人员，为来参观的领导和其他参试人员讲课。我们除了在自己的一大队讲课，还到其他军兵种，像炮兵、空军的大队去讲课。程天民是讲课的"一号种子"，也是指挥组的组长。所谓指挥组就相当于司令部，打仗的时候，他就相当于参谋长了。因此，他不仅要做病理方面的工作，还要做大队里很多具体的组织指挥工作，真正工作最吃力、责任最大的就是他了。这个过程当中，我印象特别深的是他原来是搞病理学的，也不是专门搞防原医学的，但是，他很快就钻进去了。他在卫生勤务上也从外行成了内行，整个卫勤组织工作，他都很在行。后来进行核试验资料总结的时候，整个核试验条件下卫勤组织方面的文章都是他写的。他从一个病理学专家成为一个防原医学专家，也成了卫生勤务专家。大家都很关心生物效应方面的情况，每次核爆炸之后都会搞一个核爆炸效应动物的展览会，记得张爱萍、朱光亚都来看过。我们在核试验现场组织起了很精彩的展览，这个展览的总导演就是程天民。展览材料的安排、解说材料的准备和训练工作，都是他负责的。

这里面还有一点让我很感动。当年，我年纪轻一点，嗓门也大些。程天民讲话时有一点乡音，他担心在大会上讲课别人会听不清楚，所以决定让我给外面来的首长讲课。本来，我是徒弟，但他一直辅导我怎么把课讲好，包括帮我做挂图什么的。这让我心里很不安，这些本来是我这个助手做的。我印象特别深的是，我在大礼堂里面讲课的时候，有的地方讲得快了，他就上来给我递杯茶，趁机轻轻地对我说："这里，你讲慢一点、声音大一点。"真是现场辅导。他真是一切从工作出发。本来，他也能讲，但是他让我这个徒弟来讲课，也看出了他的人品。

总后组织核试验效应资料的再总结，我也参加了这项工作，还有叶常青、赵青玉，程天民负责牵头组织。按道理说，这件事应该是军事医学科学院来负责的，但总后认为程天民牵头更合适。他组织得很好，当年啥待遇都没有，但是大家很愉快、很认真地做这个工作。当时，只有他一个人是副教授，我们几个都是讲师。这项任务完成后，出了一本专著。

关于"两个取胜"："以质量取胜、以特色取胜"看起来很平常，当然应该以质量取胜、以特色取胜，但程天民把这一点抓住了、提出来了，并且以此为办校方针，制定了一系列政策，现在还成为第三军医大学的校训，这是非常好的事情。其实，我们仔细想一想，再好的学校、再好的单位、再好的个人，不可能样样都好，只能在某一方面很有特长、很有特色。而且，光有特色还不行，还得有质量，必须既有特色又有质量。办学校是这样，办医院也是这样，作为科室、个人都是这样。因此我觉得，程天民提出的这"两个取胜"是非常好的，是很实用的。

我在外面宣传我们二医大的"两个取胜"少说也有几十次，有机会就给别人讲。我们的特色是很明显的，而且在军事医学上有质量的优势。最典型的是，我们获得的6个国家科技进步奖一等奖中有5个是军事医学方面的，这是非常少见的。在医科大学、医学院，包括地方的大学，没有哪一个单位能有这么多的国家科技进步奖一等奖。这些都是按照"两个取胜"方针来做的，也说明我们的"特色取胜"和"质量取胜"是非常有效的。

程天民不仅是防原医学专家、卫勤专家，还是教育家。

总部首长到三医大来视察时说："你们三医大的火药味浓浓的。"地方很多高校的领导、专家来三医大考察，他们也得出个结论："如果军医大学要裁减的话，一定要保留第三军医大学，你们的特色和质量都非常明显。"这是来自地方的评价，对我们也是很大的鼓励。

关于复合伤研究：复合伤是一个很难的问题，因为放射损伤的研究已经很难了，再加上创伤和烧伤就更难了。程天民原来不是搞这个专业的，本来应该由军事医学科学院抓起来，但他们不大愿意做，我们三医大就做了。程天民和他的团队搞复合伤研究，并且做出了很多成果，发表了很多文章，也取得了很多成绩，在国际上是绝对的第一把手。他们研究的复合伤，不仅是打起仗来、使用核武器的时候会有，平时发生的事故中也有很多，所以，这项研究是很有意义的。

关于科学与人文：程天民在学术上很有建树，到现在80多岁了，每次学术讨论的时候，他的思路还是非常清晰，言之成理、言之有据。他经常把一些表面的现象、分散的知识总结、提炼、提高，进行理论化、系统化，再用合适的文字表述出来。他这方面的能力很强，一般科学家在理论的表述上不一定能达到这个水准。

我们三医大申报"973"项目，他和黎鳌院士做了很多筹备方面的工作，而且应该是他当首席科学家的。后来因为年龄的限制，他就推荐我当首席科学家。

程天民院士在写诗、绘画、书法、摄影、金石雕刻等方面都很好，而且还会唱京剧，唱得可好了。我和程天民相处，让我学习到很多，他学术很好，人品很好，脾气也很好。我的脾气比较火爆，程院士经常提醒我要注意。他在这方面做得很好，遇事不露。有他这样的良师益友是很幸福的事情。

程天民不仅在学术上有作为，而且在这么多方面都很有成就，这从另一个侧面体现了人文科学和自然科学的相通性。他有很雄厚的人文基础，人文科学和自然科学在思路方面是相通的。有些科学家只是自然科学搞得不错，但在某个问题上就是转不过来，抓住某一点不放。因此我觉得，程天民除了个人修养以外，人文素养也很难得，能够经过思考，把很多经验和教训变成自己的营养，这一点非常难得。当然，不是每个人都能学会的，应该说，这也是他的天赋和才气。天才学不到，但人才是可以培养的，所以，他是个很了不起的人。

二、老科学家学术成长资料采集工程丛书编委会的评价

"老科学家学术成长资料采集工程"，还将继续组织被采集人的传记性丛书。在完成《求索军事医学之路——程天民传》以后，由该工程丛书编委会对程天民作了如下集中的评价：

程天民科研专业转向为他的学术发展带来了巨大的挑战性和未知性，但是风险越大，机会越大。他在我国大力发展核武器事业的特殊历史时期，一方面毅然选择进入一个几乎空白的研究领域，让他在迎接挑战的同时也拥有了可以自由探索、充分创造的全新空间；另一方面，程天民将原来擅长的病理专业知识与防原医学紧密结合起来，不仅让他对防原病理、创伤病理等方面的研究在病理学界独树一帜，而且通过巧妙而科学地运用病理学知识解决防原医学等军事医学问题，使他实现了在防原医学研究领域的创新和突破。

程天民兼具科学与艺术的修养，通过把活跃以至带有浪漫

色彩的感性思维与严谨求证的理性思维结合起来，艺术的想象力和创造性常常可以潜移默化或移花接木地启发科学灵感，对他的研究工作产生了多方面的促进作用，有时甚至发挥了独特的作用。

三、多方面的报告文学和宣传报道

1. 报告文学

曹岩：《太阳之火——记著名防原医学专家程天民教授》，《红十字星座》，八一出版社1993年版。

曹岩：《西部的诱惑——记著名防原医学专家程天民院士》，《大写的人生》，解放军文艺出版社2004年版。

曹岩：《为了保障有力》，解放军文艺出版社2010年版。

吴廷瑞、曾道扬：《辩证法与核盾》，《医学与哲学》2002年第11卷第23期。

2. 新闻通讯

熊学莉、郭忠贵、张占萍：《老院士的道德追求》，《解放军报》2002年1月6日。

熊学莉、郭忠贵、耿晓东：《一位院士的文化品格》，《解放军报》2002年4月19日。

熊学莉、郭忠贵：《"蘑菇云"幕后的清冷与辉煌》，《健康报》2002年1月8日。

李国、罗陶莎、刘胜江、熊学莉：《让中国的防原医学走在世界前列》，《工人日报》2006年7月27日。

周芹、关嫒嫒：《走过后留下一片树林》，《重庆日报》2006年5月11日。

张圣金、刘胜江、熊学莉：《程天民的"制法四章"》，《光明日报》2006年7月9日。

陈玉莲：《核辐射中的辉煌与温暖》，《当代党员》2006年第6期。

刘胜江、熊学莉、范炬炜：《立身为梯育英才》，《科技日报》2006年8月4日。

冉新泽、林远：《复合伤研究的开拓者——程天民院士》，《中华放射医学与防护杂志》1998年第18卷第4期。

杜粤昆、程天民：《矢志挑战蘑菇云》，《科技日报》1999年4月7日。

冉新泽：《敢啃硬骨头的人》，《中国核武器效应试验风云录》，海潮出版社2002年版。

李丽：《天南地北宜兴人——防原医学大师程天民的"侠骨柔情"》，《宜兴日报》2012年9月28日。

冉新泽、邓晓蕾、肖燕：《程天民院士的"老有所为"和"老所不为"》，《科技文摘报》2013年12月27日。

冉新泽、邓晓蕾、赵虹霖：《程天民：中国防原医学的拓路者》，《中国科学报》2014年3月14日。

程天民大事年表

1927年

12月27日，生于江苏省宜兴市周铁镇，父亲程绥彬，母亲洪振家，继母冯定贞，兄弟姐妹7人，排行第三。

1933年　6岁

就读于江苏宜兴周铁镇竺西小学（后改为周铁小学）。

1939年　12岁

正值抗日战争期间，家乡沦陷，在竺西中学（后改名为彭城中学）读初中。

1942年　15岁

10月，就读于江苏省立苏州中学，后因苏州沦陷，学校迁至宜兴境内，改名弘毅中学。此间因日寇"扫荡"，学校三次流亡搬迁，先后随校迁至亳阳村、义庄村、西锄村就读。

1945年　18岁

8月，从苏州中学高中毕业后，与同班同学毕敖洪、庄逢巽由宜兴出发，经日伪封锁线，徒步到安徽屯溪（现黄山市，当时为国民党统治区东南行政中心、国民政府江南行署所在地）报考大学，并在屯溪迎来抗战胜利。

10月，先后被江苏学院（位于福建三明）、国立中正医学院（位于福建长汀）和英士大学医学院（位于浙南山区）录取，后选择进入国立中正医学院。

1946年　19岁

随国立中正医学院从福建长汀迁至江西南昌继续就读。

1949年　22岁

5月，正值解放战争后期，当选为中正医学院学生自治会非常时期代表会和理事会联合会主席，负责组织领导以学生为主体的护校运动，并完整保存了学校的各项设施，迎接南昌解放。

8月1日，作为学生代表参加江西省庆祝"八一"大会；同时，中正医学院由中国人民解放军南昌军事管制委员会接管，不久改名为南昌医学院。

8月，南昌医学院与解放军第四野战军医科学校合并成为军事院校，校名更改为华中医学院（后来，学校多次易名，1950年11月改名为中南军区医学院，1951年更名为第四军医学院，1952年7月正式更名为第六军医大学）。

9月，在华中医学院参军入伍。

1950年　23岁

5月4日，加入新民主主义青年团。

9月，由华中医学院5年制结业并留校，分配到病理学科担任见习助教，在科主任晏良遂教授领导下从事病理学教学工作。

1951年　24岁

9月，被派往广州参加全国第一期病理学高级师资班培训。该师资班由卫生部委托中山大学医学院举办，梁伯强、杨简等教授亲自授课指导。接受了为期一年的、全面系统的病理学培训，为专业发展打下坚实基础。

1953年　26岁

2月，到广州参加中南军区后勤部召开的先进个人代表、先进集体代表、先进文化教员代表大会，受到通报表扬；同年3月，荣立三等功。

9月1日，由徐树林、曾宪政介绍加入中国共产党。此前，担任校本部直属单位（包括校各直属机关、各连队和各基础教研室）团支部书记。

9月21日，被正式任命为病理学助教，确定职务为正连职。

1954年　27岁

4月7日，中央军委颁布《关于军医大学整编的决定》，决定将第六军医大学迁往重庆，与第七军医大学合并为新的第七军医大学（1975年，更名为第三军医大学）。此后，与第六军医大学教职员一起从南昌迁至重庆。

1955年　28岁

9月28日，人民军队结束实行多年的供给制，实行军衔制。被授予上尉军衔。

1956年　29岁

5月1日，在重庆与同校的胡友梅结婚。

9月，晋升为第七军医大学病理学讲师。

1958年　31岁

7~9月，到重庆钢铁公司扩建劳动工地参加劳动锻炼，担任第七军医大学劳动锻炼队队长。

9月，为迎接全军、全国第一次放射生物学和放射医学学术会议，被临时抽调进行急性放射病实验研究，首次接触放射医学。

随后，在石家庄参加全军第一次放射医学学术会议，并作题为《急性放射病并发感染和出血的病理形态观察》的报告。

1960年　33岁

3月，与罗成基一起作为第七军医大学防原医学专业代表，参加解放军总后勤部在杭州举办的军队"三防"医学会议，史称"三三会议"。

会后，被第七军医大学抽调加入医学防护研究组专门开展复合伤研究，开始参加放射复合伤集中研究。

1962年　35岁

年底，医学防护研究组建制撤销，回病理学教研室继续工作。

1964年　37岁

6月，晋升为第七军医大学病理学副教授，并因肝内胆管结石症的病理学研究成果突出荣立三等功。

10月16日，我国成功进行第一次核试验后，上书总后勤部核试验效应办公室申请参加核试验，获得批准。

10月，率分队成员（主要为第七军医大学医学本科621队学生），赴四川宜宾专区屏山县二龙公社参加社会主义教育运动。

11月，接第七军医大学紧急通知返校，为组织七医大分队参加我国第二次核试验做准备。七医大成立"新一号组"进行急性放射病的实验治疗研究，担任副组长。

1965年　38岁

5月，随第七军医大学分队赴戈壁滩参加我国第二次核试验，此后共计参加14次核试验。

9月，在《中华病理学杂志》发表《肝内胆管结石症的病理变化》，系统阐述了此病在尸检病例中的发生率和不同类型肝胆管结石及其所致病变与转归后果。

1966年　39岁

10月，于北京待命参加核试验期间，在人民大会堂受到毛泽东、周恩来等党和国家领导人的接见。

1969年　42岁

8月29日，中共中央军委批准总后勤部党委《关于医科院校调换校址的报告》，第七军医大学调至上海，第二军医大学调至西安，第四军医大学调至重庆。随第七军医大学迁至上海，其间赴广州军区卫生学校参加教改调研。

1970年　43岁

9月，第七军医大学将各基础教研室与军事医学教研室合并为4个教研室。9月10日，被任命为第二教研室主任，第二教研室包含原病解、病生、药理、生物和化学5个教研室。1971年恢复

219

原教研室建制后，任病理学教研室主任。

1972年　45岁

参加国防科委组织的《我国核试验技术资料总结（绝密）》，并与李国民、赵乃坤等人共同撰写题为《核爆炸所致狗损伤的病理变化》的专题总结。

1973年　46岁

为使核试验绝密资料能为部队所用，受总后勤部司令部委托，与王正国、叶常青一起对核试验资料进行再研究，使其系统化、实用化，并主持编写了我国第一部《核武器损伤及其防护》（机密），共26万字，由战士出版社出版，同年由总后勤部卫生部印发全军。

1975年　48岁

5月30日，国务院、中共中央军委批复总后勤部党委《关于第二、四、七军医大学迁回原校址的请示报告》，决定第二、四、七军医大学迁回原址，遂随第七军医大学迁回重庆。

7月24日，中共中央军委命令第七军医大学改称为中国人民解放军第三军医大学。担任第三军医大学病理学教研室主任。

1977年　50岁

11月，与夫人胡友梅一起作为科技先进个人代表出席总后勤部召开的科学大会，并受表彰。

1978年　51岁

10月，国家恢复学位制，防原医学学科成为首批硕士学位授权学科，被批准为硕士生导师。

同年，参加总后勤部召开的先进集体、个人代表大会，被授予"模范教育工作者"称号。

1979年　52岁

2月3日，被任命为第三军医大学卫生防疫系副主任兼防原医学教研室主任。

4月，当选第三届全军医学科学技术委员会委员。

第三军医大学在防原医学教研室基础上列编组成复合伤研究室后，招收培养第一个硕士研究生张春生。

同年起至1980年，参加国防科委组织的第二次《我国核试验技术资料总结（绝密）》，主持动物效应医学研究部分，并与王德文等人一起完成《烧冲复合伤的病理变化专题报告》，与1972年总结的《核爆炸所致狗损伤的病理变化》一起，成为国内外最完整、最具学术权威性的，包括不同当量空爆与地爆时所致的真实核武器损伤的病理学文献。

1980年　53岁

3月，以多次核试验的资料为基础，与叶常青、王正国等人一起编写《核武器损伤及其防护（秘密）》，共62万字，由战士出版社出版并印发全军，成为防原医学的权威性专著和主要参考书。

5月，在《解放军医学杂志》上发表《几类损伤的骨髓巨核细胞被噬现象》，首次阐明了严重烧伤、创伤时血小板数量减少、功能降低的主要原因之一。

1981年　54岁

4月9日，由总后勤部党委批准为教授、专业技术六级。

6月，被评为总后勤部优秀共产党员。

赴上海参加中美国际烧伤会议，并作题为《烧冲复合伤的病理学研究》的学术报告。

1982年　55岁

3月，当选为《解放军医学杂志》编委会副主任委员，并担任全军医学科学委员会防原医学专业组副组长。

12月，主持的"烧冲复合伤的病理变化研究"获军队科技成果一等奖，首次获得高级别科技奖励。

1983年　56岁

2月22日，应邀参加军事医学科学院二所举办的病理学发展战略研讨会。

6月20日，由总后勤部党委任命为第三军医大学卫生防疫系主任；8月10日，被任命为卫生防疫系党委书记。此后，着重明确了卫生防疫系的培养目标，并实现了正式招收培养预防医学本科生。

12月10日，由中央军委主席邓小平任命为第三军医大学副校长，分工负责医疗、教学、科研业务管理。

1984年　57岁

4月，作为第三军医大学党委常委和业务副校长在三医大第七次党代表大会上作题为《对我校业务建设的设想》的报告，分析了学校建设面临的形势，强调学校各项工作都要讲求质量、注重特色，为后来制定学校建设发展规划奠定了基础。

9月，参加第三军医大学教学经验交流会并作总结发言，着重阐述既要教书，又要育人，既要传授知识，又要培养能力，既要努力参加教学实践，又要加强军医教育研究的教研思想。

12月，被评为全军后勤工作先进个人。

1985年　58岁

2月，受聘为国务院学位委员会第二届学科评议组成员。

10月27~31日，组织协调各方面力量，支持、协助第三军医大学黎鳌教授在重庆主办了中美国际烧伤学术会议。这是中国军队召开的第一次国际学术会议，取得圆满成功。

10月，在第三军医大学首次研究生工作会议上作主题报告，总结研究生教育与学位工作，提出学校研究生教育发展的意见。

11月30日，参加全军医学科学技术大会，受到大会表彰，并再次当选全军医学科学委员会委员，担任防原医学专业组学术顾问。

1986年　59岁

6月，与黎鳌、王正国教授一起，创立了中华医学会外科学会创伤学组，之后又成立了创伤学会。

8月，主编的《防原医学》共75.7万字，由上海科学技术出版社出版，体现了平战结合、军民兼用思想。

11月1日，由中央军委主席邓小平任命为第三军医大学校长，并由总后勤部党委决定兼任学校党委书记。

12月25日，参加中央军委扩大会议，与全体代表受到邓小平、胡耀邦、叶剑英等党和国家领导人接见。

12月26日，在第三军医大学干部大会上首次明确提出"以质量取胜、以特色取胜"的办校思路，强调质量是特色的基础、特色是质量的反映，确立全校以军事医学为重点和特色，三所附属医院要办成各具特色的综合性教学医院，各科室要在提高整体水平基础上具有自己的专业特色，科技人员要在打好基础前提下具有自己的业务专长。

12月，参加国务院学位委员会学科评议组会议，经各方努力，第三军医大学一次增加了6个拥有博士学位授予权学科。成为博士生导师，招收的第一个博士研究生粟永萍，曾任全军复合伤研究所所长。

作为第三军医大学校长、党委书记，着手解决学校一系列历史遗留问题：（1）关于国立中正医学院作为学校前身的问题。正式明确："华中医学院由第四野战军医科学校和南昌医学院合并而成，南昌医学院的前身是1937年成立的国立中正医学院"。（2）关于确定第六军医大学部分学生参加革命的时间问题。总后勤部党委于1990年作出决定：原第六军医大学高一期至高五期学生参加革命的时间定为1949年9月。（3）解决了学校大批老同志退休后的医疗问题。

1987年　60岁

4月11日，在第三军医大学干部大会上，结合传达总后勤部工作组对学校检查、评估的意见，作了关于加强学校党的建设和干部队伍建设的报告，强调全校要统一思想，团结一致，加速学校建设、发展步伐。

5月11日，以第三军医大学校长身份，接待以美军分管卫生事务的助理国防部部长W.Mayer博士为团长的美军军医代表团。

5月，率第三军医大学政治部、训练部、教务部和三所附属医院的领导，先后到武汉同济医科大学、上海医科大学和第二军医大学参观访问，吸取办学经验。认为学校与地方重点院校在办校规模、招生数量、编制人数等方面不可比，多渠道筹措经费比不上，但在本科生、研究生培养质量和科研水平、成果等方面是可以比、比得上的，进一步确立了"两个取胜"的办学思路。

6月，参加总参谋部组织的军队院校院校长研讨班学习，受到总参谋长杨得志、总政治部主任余秋里和国防大学校长张震等人接见。

10月29日，由专业技术4级调整为专业技术3级。

11月，主持的"骨髓巨核细胞被噬现象研究"获军队科技进步奖二等奖。

12月，经过向军委总部汇报以及与重庆市多方协商，获得重庆市市长肖秧同意，以350万元征得337亩土地，极大拓展了第三军医大学及其附属医院继续建设、发展的空间。

向总后勤部申请经费修建了学校招待所，并对校办公楼进行改造加层，改善了学校工作、接待条件。

1988年　61岁

1月13~15日，参加全军后勤工作会议。

4月19日~5月6日，参加由总后勤部副部长刘明璞中将率领的中国人民解放军军医代表团，访问美国和加拿大。

7月29日，全军实行文职干部制度后，由现役军官改为现役文职干部。

8月20日，中央军委命令，免去程天民的第三军医大学校长职务，改为文职干部。事前主动请辞，推荐李士友为校长。

　9月1日，经中央军委同意，参加总后勤部卫生部专家组，并作为专家组成员，"不脱离原单位，不再担任行政领导职务，不计编制定额，原政治和生活待遇不变"。之后，回第三军医大学防原医学教研室、复合伤研究室任教授，继续从事业务工作。

　10月6日，担任第三军医大学科学技术委员会主席。

　11月22日，由第三军医大学党委决定，兼任学校病理解剖教研室教授。

　12月10日，在南宁参加全军军事病理学学术会议，其间前往中越边境前沿阵地。

1989年　62岁

　2月，先后到北京的军事医学科学院、卫生部工业卫生实验所，天津的中国医学科学院放射医学研究室以及太原的中国辐射防护研究院参观学习，了解专业发展前沿动态。

　3月10日，致函总后勤部卫生部，呼吁扶持防原医学和复合伤研究。随后，总后勤部下拨实验室建设经费100万元改善科研条件。

　10月，在南昌出席全国烧伤会议，并访问原第六军医大学校址。

　防原医学学科被列为首批国家重点学科之一。

1990年　63岁

　4月，被推选为苏州中学校友总会名誉会长。

　担任国家科技奖励医学评委会和总后勤部评委会委员，直至2000年。

　12月，总后勤部党委批复程天民参加革命的时间定为1949年9月。

1991年　64岁

　7月，招收培养的第一位博士研究生粟永萍毕业并获博士学位，成为全军、全国第一位防原医学博士。

　10月，撰写《第三军医大学发展几个片段、侧面的回忆》，编入总参谋部《军队院校历史回忆史料》一书（解放军出版社1995年出版）。

10月，获首批国务院政府特殊津贴。

1992年　65岁

2月11日，担任四川省第一届学位委员会委员。此后，多次主持四川省医学高校学位学科评审工作。

8月27日，赴乌鲁木齐主持苏联核试验对我国的辐射影响技术鉴定会。

8月，主编的《创伤战伤病理学》共计101.6万字，由解放军出版社出版，是国内这一领域的第一部专著。

主持的"放烧复合伤的病理学研究"获军队科技进步奖一等奖。

1993年　66岁

1993~1997年，担任第八届全国政协委员（医药卫生界）。

1993~2006年，担任第三军医大学学位评定委员会主席（2006年起，任名誉主席）。

1月5日，在上海主持"6·25"辐射事故医学救治技术鉴定会。

3月18日，在北京人民大会堂参加国家科技奖励大会，受到江泽民等党和国家领导人的接见。同年，全军复合伤研究所参与的"核事故医学处理措施研究"获国家科技进步奖二等奖。

3月，接待国务院学位办专家组考察防原医学国家重点学科。

6月，在安徽黄山参加国家科技奖励总后勤部评委会会议。

12月，所在的复合伤实验室被批准为全军重点实验室。

主持的"放烧与烧冲复合伤的病理学研究"获当年全国医学系统唯一的国家科技进步奖一等奖。

1994年　67岁

4月21日，赴苏州医学院参观访问，其间拜访母校苏州中学。

7月1日，所在的防原医学教研室、复合伤研究室荣立集体二等功。

8月2日，由总后勤部批准为文职一级，从1992年9月起算。

9月30日，第三军医大学党委作出《关于在全校开展向程天民、黎鳌同志学习的决定》。

10月1~3日，参加中国人民解放军英模代表团国庆45周年观礼活动。

10月，主持全军"九五"期间预防医学发展战略调研，为期3个月，访问多个单位并完成调研报告。

11月13日，在广州参加全军防原医学教学研讨会。

1995年　68岁

1月5日，在第二军医大学主持"211工程"立项论证会议，并任专家组组长。

8月2日，经总后勤部党委批准，由专业技术二级调整为专业技术一级。

9月，被教育部、人事部评为全国优秀教师。

10月6日，参加全军后勤科技大会，受到江泽民、刘华清、张震、张万年等中央军委领导的接见。

10月，在郑州参加中华医学会创伤学会第三次学术会议，当选为中华医学会创伤学会主任委员，并在大会上作题为《从现代战争探讨战创伤卫勤保障的几个问题》学术报告。

1996年　69岁

1月，参加国务院学位委员会第六次学科评议组会议，倡议将"三防"医学（防原子、防化学、防生物危害）和军队卫生学（劳动卫生、环境卫生和营养与食品卫生学）等学科内容组合拓展，形成军事预防医学这个新的二级学科。在学科评议组第一召集人詹成烈教授支持下，得到公共卫生与预防医学评议组成员的一致赞同，遂将此建议正式上报国务院学位委员会。

2月16日，当选为中国工程院院士。

4月18日，总后勤部党委电贺程天民当选为中国工程院院士。

4月20日，向总后勤部司令部书面汇报，并亲赴总后勤部呼吁成立全军复合伤研究所。

7月6日，在成都与汤钊猷院士共同主持国家自然科学基金临床基础项目终审会，其间在华西医科大学作学术报告。

7月25日，主持哈尔滨医科大学"211工程"专家评审会。

8月3日，参观访问长春的白求恩医科大学，并参观该校放射生物学的教育部重点实验室。

9月23日，与何庆嘉共同主持制定的"放烧复合伤、放冲复合伤的诊断标准与处理原则"两项国家标准（GB16391—1996，GB16392—1996），由国家技术监督局和卫生部批准颁发。

9月，首次到延安参观访问。

10月12~16日，在北京参加第31届国际军事医学大会，并作题为《中国军队复合伤研究进展》的大会特邀报告。

12月，由黎鳌院士任主编、程天民任第一副主编的《现代创伤学》，共计186万字，由人民卫生出版社出版发行。

被评为总后勤部首批"一代名师"，同时，培养的第一名博士研究生粟永萍被评为总后勤部首批"科技金星"。

主持的教学研究课题《"以质量取胜，以特色取胜"新型办学思路与十年实践》，获军队教学成果一等奖、国家教学成果二等奖。

1997年　70岁

2月，接待由中国工程院副院长师昌绪带领的14位两院院士到复合伤实验室参观访问。

3月3日，在全国政协八届五次会议上，联合5位病理学家作大会书面发言《学习邓小平同志彻底唯物主义精神，大力提倡遗体解剖》。

3月14日，接待以美国国防部卫生事务助理、国防部帮办克莱普尔准将为领队的美国军医代表团参观复合伤实验室。

6月10日，复合伤研究室被总后勤部批准为中国人民解放军复合伤研究所，担任名誉所长。同时，举行了新建的复合伤实验楼落成庆祝会，总后勤部副部长刘明璞亲临揭幕。

6月，国务院学位委员会和国家教委批准设立军事预防医学为新的二级学科（学科号100406）。

9月，第三军医大学举办军事预防医学新学科研讨会，4所军医大学和军事医学科学院的业务、管理专家参会，筹备编著学科奠基性参考书和教材，对程天民提出的编写提纲作了讨论和编写分工。此后，全军各相关研究生培养单位开始按军事预防医学专业招收研究生。

10月16~25日，访问德国慕尼黑国立环境医学研究所和德国军医大学放射生物学研究所、乌尔茨堡大学药学院、海德堡国立癌症研究中心，并进行学术交流，着重介绍关于放射损伤与复合伤的研究成果。

12月27日，第三军医大学预防医学系召开庆祝程天民70寿诞大会，会上宣读了中国工程院贺电，王谦校长到会讲话，程天民作题为《人生之路》的发言。

担任设立重庆直辖市后第一届学位委员会委员。

1998年 71岁

1月，担任中国人民解放军第一届学位委员会委员。

6月20日，担任南京军区总医院全军肾脏病研究所学术委员会委员。

8月，阔别18年后应邀访问我国马兰核试验基地，并在基地作题为《现代军事医学进展》的学术报告。

9月26日，接待由军医署长为领队的波兰军医代表团。

11月，当选为中国工程院教育委员会委员，直至2006年6月。

12月12~20日，与肖光夏、余争平等人赴日本名古屋参加中日国际外科感染学术会议，并作题为《肠道黏膜免疫与肠源性感染》的学术报告，会后参观访问九州国立产业医科大学和熊本大学医学院，并作学术交流。

1999年　72岁

3月17日，受聘为昆明医学院客座教授。

4月23日，在南京主持第四届全国创伤学术会议，作题为《军事医学中的几个特殊医学问题及其民用意义》的学术报告。

7月，获得解放军四总部颁发的全军专业技术重大贡献奖。

11月4日，到广州中山医科大学参加纪念梁伯强教授诞辰100周年活动，作缅怀发言并作学术报告。

11月，主编的《军事预防医学概论》，共95.9万字，由人民军医出版社出版。该书为军事预防医学新学科的第一部奠基性专著和教材，被教育部评为"全国研究生推荐用书"。

12月22日，在总后勤部党委扩大会议上接受全军专业技术重大贡献奖颁奖。

由重庆市政府聘为重庆市首届科学技术顾问团成员。

2000年　73岁

1月6日　参加由重庆市委书记贺国强主持的科教文卫新年座谈会，并代表科技界发言，为发展重庆科技事业建言献策。

4月30日，应邀到重庆大学作题为《从医学科学的发展看创新的重大意义》的学术报告。

5月21日起，到西柏坡、大寨参观学习。

6月5~7日，作为老师和老校长参加第三军医大学1957级同学在大连的聚会，并发言抒怀。

6月13日，应邀到山东潍坊参加解放军第89医院创伤外科中心成立10周年纪念活动。

7月13日，受聘为总后勤部卫生部防疫大队学术委员会主任委员。

7月，到广州第一军医大学与巴德年院士一起主持论证热带医学的建设发展方向和规划。

9月25日，中国工程院正式成立工程管理学部，由医学卫生学部推选为首批工程管理学部院士，成为中国工程院首批跨学部院士之一。

10月，获得科技部组织评审的何梁何利基金科技进步奖。

12月16~18日，赴香港参加王定一国际外科学术研讨会。

主持"十五"期间军队攻关项目"某高技术武器杀伤效应与医学防护研究"。

2001年　74岁

1月，主持的"放烧复合伤几个关键环节的治疗及其理论基础的实验研究"获国家科技进步奖二等奖。

4月18日，在海口参加全国创伤学术会议，作题为《关于严重创伤难愈和促愈》的特邀报告。

6月19日，参加武警部队野外快速卫生检验箱技术鉴定会。

8月，撰写《参试抒怀》，载于核武器效应史编委会编写出版的《大西北、大戈壁、大事业——中国核武器效应试验史》序篇。

10月，由中央军委主席江泽民签署命令，荣立一等功。

11月21日，第三军医大学召开庆祝程天民荣立一等功、杨宗城荣立二等功大会，总后勤部副部长周友良莅会并颁发军功章，科技部副部长程津培院士、重庆市委副书记滕久明、重庆市副市长程贻举等人参加会议。

主持研究的"主动适应军队现代化要求，创建军事医学教学体系"获军队教学成果一等奖。

第三军医大学军事预防医学学科，再次被批准为国家重点学科和军队"2110工程"重点建设学科。

2002年　75岁

2月，荣获全军院校育才金奖。

3月22~26日，赴酒泉卫星发射中心实地参观神舟三号飞船发射，并参观我国第一颗人造地球卫星、第一枚导弹核武器发射塔，在卫星发射基地展览馆题词"遥问神舟何所依，大漠深处航天人"，并在基地特殊燃料供应基地作关于军事医学的学术报告。

5月23日，赴绵阳参观访问总装备部某基地。

6月6日，参加总后勤部党代表会议，被选为党的十六大代表。

6月，参加院士会议期间，在中国工程院医药卫生学部作题为《高技术武器伤害及其医学防护》的学术报告。

7月1~8日，参加中国工程院医药卫生学部组织的代表团首次访问台湾。

7月26~30日，应邀再次访问我国马兰核试验基地，并作题为《高技术武器伤害及其医学防护》的学术报告。

10月7日，胡锦涛视察重庆期间，作为重庆副军职以上干部和三级以上专家教授代表，受到胡锦涛亲切接见。

10月24日，在广西南宁为广州军区卫生干部集训班讲授现代军事医学进展。

11月8日，受聘为暨南大学名誉教授。

11月26日，在苏州参加第六届全国放射医学与防护学术会议，应邀作了题为《加强复合伤研究的实践与思考》的大会报告，同时受聘为苏州大学名誉教授。

11月29日，受聘为南京医科大学名誉教授。

11月，在广州从化参加中国工程院医药卫生学部科学前沿高级学术报告会和第三届全国创伤修复与组织再生学术交流会，并作题为《合并放射损伤的创伤难愈与促愈研究》的学术报告。

2003年　76岁

2月，所在的全军复合伤研究所与第三军医大学野战外科研究所、烧伤研究所组成的创伤烧伤与复合伤国家重点实验室，被批准进入建设计划。

3月3~4日，访问云南大理学院药学院。

4月18日，受聘为浙江大学兼职教授，应邀在浙江大学医学院作学术报告。

4月19日，访问浙江绍兴，瞻仰书圣王羲之兰亭原址。

4月20日，在深圳全国高技术论坛上，应邀作题为《平时罕见、特殊情况下发生的几种伤病》的学术报告。

4月23日，受聘为第一军医大学名誉教授。

8月23日，受聘为天津医科大学名誉教授，并在北方医学论坛作学术报告。

10月24日，在总参谋部主办的全军百名院士讲坛活动中，应邀作题为《现代战争引发的伤病及其医学防护》的学术报告。

11月16日，与王正国院士一起约请8名军队的两院院士上书中央军委领导，要求妥善解决精简整编后保留下来的军医大学的编制等问题，得到中央军委领导的高度重视，获得较好解决。

12月，在安徽省首届博士论坛上作题为《应对突发公共卫生事件的重要方面——现代战争与恐怖活动伤害及其医学防护》的特邀报告。

被聘任为重庆市学位委员会副主席。

2004年　77岁

1月，参与完成的某科研项目（署名第11位）获国家科技进步奖一等奖，主要完成人为宁竹之，余争平等人。

5月20日，作为第三军医大学学位评审委员会主席，在学校学位与研究生教育工作会议上作报告，总结学位评审委员会工作并着重强调进一步增强对研究生教育工作的重视程度，以及培养研究生要体现以人为本。

7月，主持研究的"放创复合伤时创伤难愈与促愈的实验研究"获军队科技进步奖一等奖。

8月30~31日，在西安召开的全国非电离辐射与电离辐射生物效应学术会议上，应邀作题为《放创复合伤创伤难愈机制与真皮多能干细胞等的促愈作用》的学术报告。

10月28日，在武汉举行的第七届全国烧伤学术会议上，应邀作题为《科学研究中的治学与修身》的报告，事后经整理成文，刊于《中华烧伤杂志》2005年第21卷第1期卷首。

10月，为纪念中国工程院成立10周年和第三军医大学合校50周年，编印了《程天民业余文影选集》，中国工程院三任院长朱光亚、宋健、徐匡迪，三医大校长吴灿、政委罗振江分别题词作序，著名诗人牛翁撰诗祝贺。

2005年　78岁

1月6日，赴四川省合江县龙顶乡肇成小学助学捐赠，并题词"合大江之水，育栋梁之苗"。

3月2日，受聘为解放军总医院、军医进修学院名誉教授。

5月17日，与付小兵、粟永萍等人同赴新加坡参加亚洲组织修复学术会议。

6月9日，陪同第三军医大学青年专家、首席科学家蒋建新到北京参加国家"973"项目答辩，第三军医大学获得"严重创伤"的第二个"973"研究项目及研究经费3000万元。

7月3日，在成都参加解放军医学杂志社等单位主办的战创伤休克复苏高层研讨会，应邀作题为《贫铀弹伤害及其医学防护》的学术报告。

8月，主持研究的"军事预防医学新学科的创建与教学实践"获军队教学成果一等奖、国家教学成果二等奖。

赴长春参加吉林大学医学院刘树铮教授80华诞庆祝活动，并参加国际放射生物学和全国放射医学与防护学术会议，应邀作大会学术报告。

9月6日，迎接总后勤部孙大发政委和孙思敬副政委到全军复合伤研究所视察。

9月23日，在全军第八届医学科学技术委员会上再次当选为副主任委员，同年被聘为总后勤部科技咨询委员会副主任委员。

10月12~14日，在北京参加以再生医学为主题的香山科学会议，作题为《对再生医学几个问题的探讨》的学术报告，重点论述了干细胞在再生医学中的意义。

11月6日，主持建设的核、化学武器伤害防治学课程被评为"国家级精品课程"（全军首批共15门课程，其中总后勤部系统2门）。

11月7日，所在的全军复合伤研究所与第三军医大学野战外科研究所、烧伤研究所组合而成的创伤烧伤与复合伤国家重点实验室顺利通过科技部专家组验收，成为全军第一个国家重点实验室。

12月29日，赴北京参加军事医学科学院召开的吴在东教授诞辰100周年、刘雪桐教授诞辰80周年纪念会，并在会上作缅怀发言。

2006年　79岁

1月12日，出席全军后勤工作会议，受到胡锦涛等中央军委领导的接见。

2月，主编的《军事预防医学》，共计262万字，由人民军医出版社出版，总后勤部副部长王谦和总后勤部卫生部部长李建华作序。该著作在1999年出版的《军事预防医学概论》基础上，有很大的拓展和深化。

3月8~10日，随第三军医大学校长吴灿赴绵阳，参观访问中国工程物理研究院和总装备部某基地。

3月31日~4月4日，赴泸州、叙永、古蔺、遵义等地重走长征路。

4月28日，受聘为成都医学院高级顾问委员会主任委员。

4月，获第六届光华工程科技奖。

5月10日，参加重庆市科技大会，并获重庆市首届科学技术突出贡献奖。

5月19~20日，参加第四军医大学"十五"期间"211工程"

建设验收专家组并任组长。

6月6日，在两院院士大会上接受由陈至立、徐匡迪和路甬祥颁发的第六届光华工程科技奖。

6月30日，被评为全国优秀共产党员。

7月7日，将重庆市奖励的50万元科技突出贡献奖金中的10万元捐赠给重庆市忠县花桥镇中心小学，另40万元留作全军复合伤研究所科研经费。

7月11日，第三军医大学为余争平立功和程天民获奖召开庆功表彰大会，总后勤部副部长李买富、总后勤部政治部副主任陶德平、重庆市常务副市长黄奇帆等人参加，中国工程院学部工作局副局长李仁涵专程与会宣读了中国工程院的贺信，学校党委作出了《向程天民、余争平同志学习的决定》。

9月9日，第三军医大学召开纪念教师节和程天民院士先进事迹报告会，在会上作汇报发言。粟永萍、曹佳、王云贵分别以《恩师程天民》、《院士程天民》和《校长程天民》为题，作程天民先进事迹报告。

9月20日，应邀参加第四军医大学科技大会，并作关于以质量取胜、以特色取胜的办学思想与实践的报告。

10月30日，为纪念从事医学教育科学研究工作55周年，编辑出版《岁月留痕》。

2007年 80岁

4月15日，到福州参加全军创伤医学学术会议并作关于复合伤的学术报告。

8月1日，当选建军80周年全军英模，参加由中共中央、国务院和中央军委在北京人民大会堂召开的庆祝中国人民解放军建军80周年暨全军英雄模范代表大会。

8月，主编的《军事预防医学》（人民军医出版社出版）获解放军优秀图书奖和全国优秀出版物图书奖。

10月4日，访问上海宝山钢铁公司，主要参观了海上码头、轧钢车间等部门。

10月28日，参加在北京举行的中国工程院院士诗文书画摄影作品展。

11月14日，应邀在九江学院濂溪讲坛作题为《现代战争和恐怖伤害及其医学防护》的报告。

11月17日，参观革命圣地井冈山。

2008年　81岁

3月26日，访问重庆市聚奎中学并作学术讲座。

3月，应邀担任重庆市老科学技术工作者协会名誉会长。

4月，中央军委委员、总后勤部部长廖锡龙到家中看望并探讨军队后勤建设问题。

5月8~10日，接受中央电视台记者采访，制成专题片《戈壁军魂》，在中央电视台10频道《科技人生》节目中播出。

7月25日，参加上海第二军医大学主办的现代外科学前沿研究生班高层讲座，作复合伤专题报告。

11月6~9日，参加中国工程院书画社在绍兴兰亭举办的科学与艺术笔会及相关活动。

12月16日，入选《解放军报》组织评选的"改革开放30周年全军军营新闻人物"，赴京参加颁奖会，接受"与时代同行"奖牌。

12月，撰写了第三军医大学校歌歌词，并与著名作曲家刘青商谈校歌曲调。

2009年　82岁

2月27日，在军事医学科学院博学论坛举办题为《科学与艺术》的讲座。

3月31日~4月2日，参加江苏无锡籍大学校长论坛并作关于办学治校的发言。

8月13日，获军队教学成果一等奖。

9月9日，获国家教学成果一等奖，参加在北京人民大会堂举行的奖励大会，并受到胡锦涛、温家宝等中央领导人的接见。

9月29日，被评为新中国成立60周年重庆市杰出贡献英模。

10月25日~11月2日，参加院士会议，其间参加歌颂祖国——院士与书画家笔会，创作的两幅书画入展。

2010年 83岁

4月9日，在上海市迎世博城市反恐医学救援高峰论坛作特邀报告《对恐怖袭击伤害与医学救援的探讨》。

7月21~22日，在成都拜访文学和书法大师马识途（96岁），并走访汶川特大地震绵竹等地震灾区和重建新区；参观建川博物馆，访问馆长樊建川（第三军医大学原政治教员）。

9月14日，参加全军医学科学技术大会，受到胡锦涛等中央军委领导的接见。

10月1日，参加在重庆举行的全国高校京剧演唱和研讨会并作发言。

10月16~18日，参加中国工程院工程管理学部组织的中国高铁（杭州至上海）和（上海）海洋石油公司深井钻井海上平台建设新成就考察学习，并作讨论发言。

10月25~28日，参加中国工程院书画社长沙橘子洲头笔会，其间访问国防科技大学并作学术报告，瞻仰韶山毛泽东故居。

12月11日，由中华医学会聘请为《中华放射医学与防护杂志》编辑委员会顾问。

2011年 84岁

3月，入选中国科协"老科学家学术成长资料采集工程"采集对象，系重庆市唯一一位采集对象。

4月7~8日，参加由中国工程院工程管理学部组织的四川达州川气东送工程考察学习。

4月，日本福岛核电站发生事故后，与粟永萍共同主编《核事件医学应急与公众防护》科普读物，由人民军医出版社出版，在全国发行。

6月27日，在第三军医大学纪念中国共产党成立90周年大会上作报告《加强党性修养的感悟》，着重强调"四个正确对待"。

6月30日，在第三军医大学毕业典礼上为毕业的本科生、研究生作题为《迈好人生路，征途共相勉》的报告。

8月25~28日，参加在西宁举行的全军辐射医学会议，并作题为《坚持放射复合伤的研究与思考》的专题报告，之后参观原子城。

8月26日，在兰州举行的全军病理学专业委员会学术会议上被授予全军病理学"特别贡献奖"。

8月30日，为第三军医大学新入学的研究生作题为《科学与艺术》的报告。

9月3日，新版《黄家驷外科学》完稿，编写《军事作业、特殊环境与战伤》一节。

9月4日，到石家庄参加第八届全国创伤学术会议，被授予"我国创伤医学终身荣誉奖"。

9月20日，中国工程院院长周济来全军复合伤研究所视察并与程天民交谈，听取"两个取胜"办学思想的介绍，他说："我们几十年办教育，还不就是质量和特色这四个字！"

10月1日，应重庆市渝北区委、区政府邀请，到龙头寺公园（建有"院士林"）作第一次院士报告《科学·艺术·健康》。

10月9日，中央军委委员、总参谋长陈炳德上将来第三军医大学视察，并参观全军复合伤研究所。程天民汇报了军事医学研究成果和进展，受到高度赞扬。

10月24日，与第三军医大学领导一起分别与学校"领军人才"谈话，对他们成长发展提出建议。

10月28日~11月2日，参加军事医学科学院建院60周年纪念活动，并在军事医学研究与发展论坛上作专题报告。

11月12~14日，与第三军医大学校长罗长坤一行赴湖南怀化二炮某基地调研，建议三医大与二炮建立战略协作关系，努力创建我国、我军的二炮医学，受到二炮后勤部、卫生部与基地领导的赞同。

11月22日，与全军复合伤研究所的同志一起到重庆市造纸研究所，商议合作研制多功能防护口罩项目。

11月27日，向第三军医大学图书馆赠送50余部图书，包括个人编著的专业和人文方面的书籍，以及其他院士、专家赠送的专著，并赠送书法条幅："搏浪书海，驰骋疆场""书读万卷，志在千里""把书读进去，从书走出来"，与读者共勉。

11月28日，为第三军医大学新入学的博士研究生作题为《复合伤研究的进展与思考》的学术报告。

2012年　85岁

3月2日~4月27日，接受中国科协"老科学家学术成长资料采集工程"访谈7次，共522分钟，整理成文近11万字。

3月6日，第二炮兵总医院院长王开平一行来访，并邀程天民担任二炮总医院名誉院长。

3月12日，上书总后勤部，建议加强二炮医学研究。4月初，总后勤部司令部、卫生部复函，转达首长关怀，并表示支持。

3月，担任军队高层次创新人才蒋建新的培养导师，签署协议并接受聘书。

4月10日，参加第三军医大学与第二炮兵后勤部签订全面战略协作协议仪式，并发表感言。

4月19日，在武汉华中科技大学为研究生举办题为《科学与艺术》的讲座。

4月20日，为武汉军事经济学院全校师生举办题为《科学与艺术》的讲座。

4月26日，为纪念洪学智诞辰100周年，总后勤部组织有关部门撰写回忆录，应约撰写文稿《深切缅怀洪学智老部长》。

5月，完成《万紫千红——程天民、胡友梅花卉摄影选集》编辑工作。在6月召开的两院院士大会期间，赠送中国工程院全体院士和中国工程院机关工作人员。

6月11~13日，参加两院院士大会，聆听了胡锦涛总书记、温家宝总理和刘延东国务委员的重要报告，并参加大会有关活动。

7月11日，赴内蒙古呼和浩特参加全国烧伤学术会议，会议由解放军第253医院承办。

7月14日，赴二连浩特参观中华人民共和国国门和边界哨所。

7月17日，军事医学科学院政委高福锁率领32名团以上干部来第三军医大学学习考察时，应邀进行专题授课。

7月26日，第三军医大学召开校党委全委扩大会议，在会上就"站在新起点，打好'两个取胜'新战役"的主题，作了题为《对"两个取胜"的再思考》的发言。

7月29日，赴成都参加全国、全军普通外科学术会议，并作题为《高技术武器伤害及其医学防护》的学术报告。

8月8~9日，赴淮安解放军第82医院，作题为《高技术武器伤害及其医学防护》的学术报告。其间，瞻仰了周恩来故居和周恩来纪念馆，深受教育。

8月10日，赴连云港解放军第149医院参观考察，并作关于高技术武器伤害方面的学术报告。

9月1日，为第三军医大学新入学的2012级研究生作题为《科学与艺术》的报告。

9月6日，为第三军医大学新入学的2012级本科生作题为《迈进医学之门》的报告。

9月，担任军队高层次创新人才史春梦的培养导师，签署协议并接受聘书。

10月11日，《中国工程院医学院士文库——程天民集》经修改、补充后，寄回人民军医出版社。全书约80万字。

2013年　86岁

1月4日，到北京第二炮兵总医院学习调研。

4月16~18日，赴洛阳二炮工程基地、工程兵工程和装备研究所参观调研，并为解放军第150医院作题为《高技术武器伤害及其医学防护》的学术报告。

9月1日，为第三军医大学新入学的硕士和博士生举办题为《科学与艺术》的讲座。

9月4日，为第三军医大学新入学的博士生举办题为《现代军事医学的发展与思考》的讲座。

9月6日，为第三军医大学新入学的本科生作题为《迈进医学之门》的报告。

10月26日，在全军医学科学技术委员会外科领域学术会议（军队外科学领域发展战略论坛）上举办题为《人文科学与外科学》的学术讲座。

11月14~17日，到北京参加全国烧伤学术会议，并纪念中华烧伤外科学会成立20周年，作题为《参与烧伤学习交流的历史回顾》的报告，被中华烧伤外科学会授予"终身成就奖"。

11月21日，应约撰写《程天民院士的"老有所为"和"老所不为"》，以冉新泽、邓晓蕾、肖燕名义投稿《科技文摘报》，于12月27日发表。

本年度引进戴建武等5人，申请特招入伍获得批准，由戴建武接替粟永萍为全军复合伤研究所所长，顺利实现新老交接。

《军事预防医学》再版，改名为《程天民军事预防医学》，由曹佳、曹务春、粟永萍任主编。

2014年　87岁

1月15日，中共重庆市委副书记张国清率市机关领导一行来全军复合伤研究所看望，并致春节慰问。

2月17日，建议保留第三军医大学最老的建筑，在原址按原貌新建。新的教学大楼落成时，代学校撰写了《教学大楼复旧重建记》。

3月14日，《中国科学报》发表《程天民：中国防原医学的拓路者》。

3月30日，应邀赴广州参加广东省人民医院烧伤与创伤修复科成立院士论坛，举办题为《人文艺术与医学科学》的讲座。

3月31日，赴广州中山大学医学院病理学教研室瞻仰恩师梁伯强、秦光煜教授的铜像，事前奉献了"缅怀恩师教诲，永志泰斗慈容"的书法条幅。

4月1日，赴虎门参观海战博物馆、鸦片战争博物馆和古炮台，深受爱国主义教育。

4月，在《中华放射医学与防护》杂志发表学术论文《我国防原医学发展的回顾与思考》。

5月22日，中央军委委员、总后勤部部长赵克石率司令部、政治部、卫生部领导到全军复合伤研究所视察，程天民作了题为《发展防原医学，担当军事需求》的汇报。次日，赵克石约个别谈话时，程天民就"两个取胜"的办学思想和军医大学今后的改革发展等问题作了陈述、汇报。

5月，中国科协等11个部委主持的"老科学家学术成长资料采集工程"形成的，由邓晓蕾、冉新泽主编的《求索军事医学之路——程天民传》，由中国科学技术出版社、上海交通大学出版社出版。

6月30日，在《医学争鸣》杂志发表学术论文《刍论医学与人文》。

7月20日，赴宝鸡参加全军防原医学教学研讨会，并参观调研二炮基地和解放军第537医院。

8月30日，为第三军医大学新入学的研究生举办题为《科学·艺术·情怀》的学术讲座。

9月3日，为第三军医大学新入学的本科生举办题为《医学之门》的学术讲座。

9月10日，在教师节纪念第三军医大学合校60周年全校大会上，作主题为回顾历史、激励未来的发言。

9月19日，赴洛阳二炮工程基地调研，并举办题为《核武器、核损伤与核防护》的学术讲座；随后，赴郑州参访解放军信息工程大学并作学术报告。

10月14日，参与接待中国科学院副院长阴和俊率领的代表团。在第三军医大学和中科院的协作会议上，建议将"军民结合、平战结合、强强联合"作为协作的指导思想。

10月，《程天民军事预防医学》由人民军医出版社出版发行，程天民任名誉主编，曹佳、曹务春、粟永萍任主编，共255万字。

11月5日，应邀参加全国病理学学术会议，作题为《病理学的情怀与根基》的学术报告。

11月17日，为全军涉核人员疗养单位培训班成员讲授核武器、核损伤与核防护。

11月19日，发表学术论文《医学防护是确保国家核安全的重要方面》。

11月22日，应邀参加第十四届重庆国际神经病学论坛，举办题为《医学科学与人文艺术》的学术讲座。

12月2~6日，中央电视台《军旅人生》栏目组到第三军医大学拍摄《程天民：防原医学拓路人》（2015年1月15日播出）。

12月12日，被中华医学会医学教育分会授予"终身成就奖"。

2015年 88岁

3月15日，出版《程天民、胡友梅百幅荷花摄影集——赏荷》，赠给中国工程院等单位和多位友人。

4月1日，为中国工程院提供院士展馆展示素材（包括文字、照片和视频）。

4月21日，因腰椎间盘突出做第一次微创手术。

4月，中国古籍出版社、香港特别行政区书画社出版《中国当代书画巨匠》，收印了程天民的4幅书法和1幅国画（另收印沈鹏、刘大为、范增、欧阳中石4人的各5幅作品）。

6月5日，因腰椎间盘突出做第二次手术。此后数月，基本上处于术后疗伤康复医疗之中。

8月31日，为第三军医大学新入学的硕士、博士研究生举办题为《科学技术与人文艺术》的学术讲座。

9月6日，为第三军医大学新入学的本科生举办题为《迈进医学之门》的学术讲座。

9月29日，国家核事故应急协调委员会选定程天民所在单位第三军医大学军事预防医学院，为国家核应急医学救援技术支持中心和分队，参加挂牌和授旗仪式并讲话。

10月28日，当选总后勤部首届"敬业奉献道德模范"。

10月，为发展故乡江苏省宜兴市周铁镇的教育事业，与多位乡贤共同倡议成立竺西教育基金，并撰写了倡议书。

11月2日，与新任第三军医大学政委夏阳首次相约，长谈办学治校等问题。

12月，以2004年获得的军队科技进步奖一等奖（放创复合伤时创伤难愈与促愈的实验研究）与解放军总医院付小兵主持的一项北京市科技进步奖一等奖，以及其他单位的一些成果，集成为"中国人体表难愈创面的发生新特征与防治的新理论与关键措施的研究"，获2015年度国家科技进步奖一等奖，付小兵为第一完成人，程天民为第二完成人。

12月，自己出资、自任主编，编印了《倪为公书法风采》，彰显了书法家倪为公坎坷励志的不屈人生和精美飘逸的书法艺术，由101岁的马识途题写书名，上海文化出版社出版。

程天民历任学术职务

序号	任职时间	担任、兼任的学术职务
1	1979.4~	第三届及以后历届全军医学科学技术委员会委员
2	1982.3~	《解放军医学杂志》编委会副主任委员、顾问，全军医学科学技术委员会防原医学专业组副组长
3	1985.2~2004	国务院学位委员会第二、三、四届学科评议组成员，第三、四届公共卫生与预防医学学科评议组召集人
4	1986.12~	军医大学学报英文版第一届及以后各届编委会委员
5	1988.10~1993	第三军医大学科学技术委员会主席
6	1990~2000	国家科技奖励医学评委会和总后勤部评委会委员
7	1992.2~1998.9	四川省第一届学位委员会委员
8	1993~2006	第三军医大学多届学位评审委员会主席，2006年后为名誉主席
9	1995.10~2000	中华医学会创伤学会主任委员
10	1996~2006	《第三军医大学学报》多届编委会主任委员
11	1996.2~	中国工程院院士（医药卫生学部）
12	1997.9~	重庆市第一届学位委员会委员，2003年后任副主席
13	1998.1~2001	中国人民解放军第一届学位委员会委员
14	1998.11~2006.6	中国工程院教育委员会委员
15	1999.3~	昆明医学院客座教授
16	2000.7~	总后勤部卫生部防疫大队学术委员会主任委员
17	2000.9~	中国工程院工程管理学部院士（跨学部院士）
18	2002.11~	先后受聘为广东省人民医院名誉教授、第四军医大学名誉教授、苏州大学名誉教授、南京医科大学名誉教授

序号	任职时间	担任、兼任的学术职务
19	2003.4~	受聘为浙江大学兼职教授、第一军医大学名誉教授
20	2003.8~	受聘为天津医科大学名誉教授
21	2005.3~	受聘为解放军总医院、军医进修学院名誉教授
22	2005.9~	全军第八届医学科学技术委员会副主任委员、总后勤部科技咨询委员会副主任委员
23	2006.4~	成都医学院高级顾问委员会主任委员
24	2008.3~	重庆市老科学技术工作者协会名誉会长
25	2011.12~	《中华放射医学与防护杂志》编辑委员会顾问
26	2012.3~	应邀担任第二炮兵总医院名誉院长

程天民主要学术讲座、论坛、专论

一、关于人文、修身和思维

1. 科学与艺术

2. 科学研究中的治学与修身

3. 人文科学与外科学

4. 人生之路

5. 与中学生谈心

6. 淡泊名利，专注事业——从教授到校长、从校长到教授

7. 对加强党性修养的感悟

8. 为理想而筑梦，为实现而圆梦

9. 辩证思维：删繁就简，领异标新

10. 科研的实践与思考

二、关于办学、治校、育人

11. 第三军医大学发展简史与几个片段、侧面的回忆

12. "以质量取胜、以特色取胜"的办学思想与治校实践

13. 刍议科主任——对怎样当好科主任的一些体会

14. 热爱教育事业，潜心教学工作

15. 人生与成才

16. 迈好人生路，征途共相勉

17. 从个人经历和感悟谈青年的全面发展

18. 新生入学教育第一课

19. 迈进医学之门

45. Pathological Studies on Combined Burn and Blast Injury by Nuclear Explosion.

46. Recent Advances in the Research on Combined Injuries in Chinese PLA.

47. Recent Advances on the Radiation Combined Injury Research in China.

48. Medical Management and Its Pathological Basis of Radiation Combined Injury in Nuclear Accidents.

49. Experimental Studies on Intestinal Mucosal Barrier and Enterogenic Infection.

50. Several Important Subjects about the Pathogenesis and Treatment of Radiation Combined Injury.

程天民所获科教成果和其他重大奖励

1. 科技成果奖

（1）国家科技进步奖（5项）

序号	获奖等级	获奖时间	获奖项目	完成人
1	一等奖	1993年12月	放烧和烧冲复合伤的病理学研究	程天民、粟永萍、林远、郑怀恩、王德文、古德全、何庆嘉、罗长坤、史景泉、初宪高、张春生、蒋鲁丽、施同舟、李延平、可金星
2	三等奖	1998年12月	微核形成机制、检测方法及其用于人群监测和毒性评价的系列研究	曹佳、薛开先、程天民、马国建、易东
3	二等奖	2001年1月	放烧复合伤几个关键环节的治疗及其理论基础实验研究	程天民、冉新泽、陈宗荣、闫永堂、叶本兰、熊业、郑怀恩、魏书庆、徐辉、粟永萍
4	一等奖	2004年1月	96L044项目	宁竹之、余争平、周传明、刘国治、王勇、孟凡宝、龚书明、王登高、李林、黄文华、程天民、张广斌、钟敏、张彦文、曹佳
5	一等奖	2015年12月	中国人体表难愈创面的发生新特征、防治的创新理论与关键措施的研究	付小兵、程天民、陆树良、李校堃等15人

（2）军队科技进步奖（11项）

序号	获奖等级	获奖时间	获奖项目	完成人
1	一等奖	1983年5月	烧冲复合伤的病理变化	程天民、林远、古德全、王德文
2	二等奖	1987年11月	骨髓巨核细胞被噬现象的研究	程天民、林远、古德全
3	一等奖	1992年7月	放烧复合伤的病理学研究	程天民、粟永萍、林远、郑怀恩、古德全、张春生、罗长坤、刘贤华、闫国和
4	二等奖	1994年10月	合并全身放射损伤时深度烧伤创面处理研究	闫永堂、冉新泽、魏书庆、何庆嘉、郑怀恩、程天民、林远、向明章、肖皓昆
5	二等奖	1996年8月	T细胞表面活性分子电离辐射效应及其对细胞功能的影响	闵锐、程天民、罗成基、陈杞、沈茜、孟祥顺、丁振海、杨如俊、刘本俶
6	二等奖	1997年9月	微核形成机制及其用于非整倍体检测的研究	薛开先、曹佳、马国建、程天民、沈宗丽、胡斌、吴建中、杨录、刘胜学
7	二等奖	1998年10月	烧冲复合伤与冲击伤心肺损伤的系列研究	郑怀恩、程天民、林远、屈纪富、李爱莲、冉新泽、粟永萍、闫国和、古德全
8	二等奖	1998年10月	DNA聚合酶β的某些分子放射生物学性质及DNA修复作用	蔡建明、郑秀龙、罗成基、程天民、高建国、杨如俊、陈金国、余宏宇、张丽民
9	二等奖	1999年7月	烧伤病理学	陈意生、史景泉、程天民、黄文华、杨宗城、肖光夏、赵雄飞、李元平、王灿

序号	获奖等级	获奖时间	获奖项目	完成人
10	一等奖	2001年8月	96L044项目	宁竹之、王登高、余争平、周传明、刘国治、龚书明、程天民、王勇、孟凡宝、李林、肖家思、贺松生、林远、刘倩予、曹佳、冯华
11	一等奖	2004年7月	放创复合伤时创伤难愈与促愈的实验研究	程天民、舒崇湘、冉新泽、陈晓红、屈纪富、宋述强、史春梦、李建福、粟永萍

（3）重庆市科技进步奖和自然科学奖（4项）

序号	获奖等级	获奖时间	获奖项目	完成人
1	二等奖	1997年1月	异体骨髓移植和不同方法输血对急性放射病治疗作用的实验研究	冉新泽、闫永堂、程天民、魏书庆、林远、向明章
2	二等奖	1999年4月	放射损伤复合烧伤后几个治疗关键及其机制的实验研究	闫永堂、冉新泽、程天民、魏书庆、林远、郑怀恩、罗成基、何庆嘉
3	二等奖	2011年5月	高亲和力IgE受体及慢性特发性荨麻疹的研究	孙仁山、程天民、陈晓红、冉新泽、粟永萍、刘荣卿、刁庆春、叶庆俏、伍津津
4	二等奖	2008年3月	真皮与骨髓来源多能干细胞的生物学特性及其促进创伤修复的机制	史春梦、粟永萍、艾国平、闫国和、冉新泽、屈纪富、程天民

（4）中华医学科技奖（1项）

序号	获奖等级	获奖时间	获奖项目	完成人
1	一等奖	2012年12月	放创复合伤难愈机制与干细胞治疗的实验研究	史春梦、粟永萍、冉新泽、程天民、邹仲敏、宗兆文、屈纪富、王涛、刘登群、艾国平、王军平、闫国和、徐辉、陈晓红、舒崇湘

2. 教学成果奖

（1）国家级教学成果奖（3项）

序号	获奖等级	获奖时间	获奖项目	完成人
1	二等奖	1997年10月	"以质量取胜、以特色取胜"的新型办学思路与10年实践	程天民、李士友、李荟元、魏守钜、王谦
2	二等奖	2005年9月	军事预防医学新学科的创建与教学实践	程天民、曹佳、宁竹之、王登高、王云贵
3	一等奖	2009年9月	创建现代军事医学学科体系、培养新型军事医学人才的研究	程天民、王正国、吴灿、王登高、罗长坤

（2）军队教学成果奖（4项）

序号	获奖等级	获奖时间	获奖项目	完成人
1	一等奖	1996年12月	"以质量取胜、以特色取胜"的新型办学思路与10年实践	程天民、李士友、李荟元、魏守钜、王谦
2	一等奖	2001年8月	主动适应军队现代化要求，创建新型军事医学教育体系	程天民、黎鳌、王正国、王谦、陈俊国

序号	获奖等级	获奖时间	获奖项目	完成人
3	一等奖	2005年8月	军事预防医学新学科的创建与教学实践	程天民、曹佳、宁竹之、王登高、王云贵
4	一等奖	2009年8月	创建现代军事医学学科体系、培养新型军事医学人才的研究	程天民、王正国、吴灿、王登高、罗长坤

3. 主要荣誉与奖励（21项）

序号	获奖时间	获奖项目	授奖单位
1	1953年3月	三等功	中南军区医学院
2	1964年6月	三等功	第七军医大学
3	1978年	总后勤部模范教育工作者	解放军总后勤部
4	1981年	总后勤部优秀共产党员	解放军总后勤部
5	1984年12月	全军后勤科技工作先进个人	解放军总后勤部
6	1991年10月	首批国务院政府特殊津贴	国务院
7	1993年3月~1998年2月	第八届全国政协委员（医药卫生界）	全国政协
8	1994年10月	参加中国人民解放军英模代表团暨国庆45周年活动	解放军总政治部、总后勤部
9	1995年9月	全国优秀教师	教育部、人事部
10	1996年12月	总后勤部科学技术"一代名师"	解放军总后勤部政治部
11	1999年7月	全军专业技术重大贡献奖	解放军总参谋部、总政治部、总后勤部、总装备部
12	2000年10月	何梁何利基金科学技术进步奖	科技部组织评审、理事会审定
13	2001年10月	一等功	中央军委
14	2002年2月	全军院校育才金奖	解放军总参谋部、总政治部、总后勤部

序号	获奖时间	获奖项目	授奖单位
15	2006年4月	第六届光华工程科技奖	中国工程院审评、理事会审定
16	2006年5月	重庆市首届科学技术突出贡献奖	重庆市政府
17	2006年6月	全国优秀共产党员	中共中央决定、中共中央组织部授予
18	2007年8月	建军80周年全军英雄模范代表	中央军委
19	2008年12月	改革开放30周年与时代同行军营新闻人物	解放军报社
20	2009年9月	新中国成立60周年重庆杰出英模	重庆市委、市政府
21	2015年11月	总后勤部首届敬业奉献道德模范	解放军总后勤部

参考资料

程天民主编：《中国医学院士文库——程天民院士集》，人民军医出版社2013年版。

邓晓蕾、冉新泽主编：《求索军事医学之路——程天民传》，中国老科学家学术成长资料采集工程，中国科学技术出版社、上海交通大学出版社2014年版。

邓晓蕾：《程天民院士的军事医学教育思想研究》，博士论文。

《程天民院士科研教学管理文选》，人民军医出版社2006年版。

《中国人民解放军第三军医大学校史》，2006年出版。

《第三军医大学军事预防医学院院史》，2006年出版。

《核武器效应试验史》编委会：《大西北、大戈壁、大事业》，海潮出版社2002年版。

第三军医大学军事预防医学院：《清泉流响》，内部刊物，2006年出版。

后　记

　　本书是关于我的第三部传记。第一部是由卫生部和解放军总后勤部卫生部主持的《中国医学院士文库——程天民院士集》（程天民主编，人民军医出版社2013年出版），第二部是由中国科协等11个部委主持的"老科学家学术成长资料采集工程丛书"《求索军事医学之路——程天民传》（邓晓蕾、冉新泽主编，中国科学技术出版社和上海交通大学出版社2014年出版）。这三部传记互有联系，应用的某些资料难免有所重复，但各有侧重。第一部主要是"文集"，第二部主要是"成长"，第三部则主要论述具有闪光意义的思维思想。

　　我在1927年出生于太湖之滨的中国历史文化名镇——江苏省宜兴市周铁镇。我上小学、中学时正值抗日战争期间，大学前4年处于解放战争时期，战乱中的求学生涯历练形成的"爱国、坚强"意志，为我的人生道路奠定了重要基础。我从军医大学毕业以后的65年间，专业上开始从事病理学，随着我国研发核武器、进行核试验而逐步转而投身防原医学，并形成了防原病理、战创伤病理的专业特色；职务上从教师、教研室和研究室主任、系主任到大学副校长、校长，再由校长回到教授岗位，促进了科技与管理的结合。从1945年进入医学领域迄今70年的实践，使我感悟到：必须坚持将自己的志向、抱负融合于国家和人民的需要以及对科学的追求之中，以获得攻坚克难的不懈动力；必须坚持勤奋和实践，勤奋学习、勤奋工作、勤奋思考，不断升华，由教学实践上升为教育理念，由科研实践上升为科学思维，由多方实践上升为战略思想；必须坚持科技与人文结合、治学与修身相融，开拓敬业奉献的情怀，实践真善美的融合，促进专业发展和个人成长，从而闪发出人生之光、思想之光。

在完成这三部传记过程中，各级领导、诸多院士专家和同学学生，给予了多方面的鼓励、关怀和支持，作者和编辑付出了辛勤的劳动。本书作者李燕燕、邓晓蕾、冉新泽同志周密思考，科学设计，精心编写。中国工程院原秘书长葛能全等同志认真审阅，提出了宝贵意见。我作为被"传记"者，谨致以诚挚的感谢。

编著传记，也促发我系统地回顾、思考、总结，忆念自己的一生是怎样走过来的，形成了相对完整的历史记载，更加深了对人生的感悟和自我的认识。我由老程到程老，"老"，说明过去工作时间的长、今后工作时间的短。"短"，既要抓紧时间，老有所为，又要适应年迈，老所不为。愿在有为和不为之中，走好晚年人生之路。思绪所系，随笔书怀：

八十以后又八年，岁月留痕引思牵。

夕阳虽晚当映霞，犹存丹心吐芳菲。

老有所为和不为，扶育栋梁最为先。

待到日落西山时，喜看群星耀满天。

二〇一五年十一月十五日

于第三军医大学